Manfred Lucas

Die Kunst des Zuhörens

Der Schlüssel für erfolgreiche Kommunikation

Gewidmet Putti von Rahden, meiner Ehefrau,
die mir nie nach dem
psychologischen Lehrbuch zuhört,
mich aber dennoch immer versteht!
Danke dafür!

Manfred Lucas

Die Kunst des Zuhörens

Der Schlüssel für erfolgreiche Kommunikation

2. Auflage

Die Deutsche Bibliothek - CIP-Einheitsaufnahme

Lucas, Manfred:
Die Kunst des Zuhörens: Der Schlüssel für
erfolgreiche Kommunikation / Manfred Lucas.
- 2. Aufl. - Offenbach : GABAL, 1997
Früher u.d.T.: Lucas, Manfred: Hören, Hinhören, Zuhören
ISBN 3-923984-98-7

Titel-Illustration: G.E.L.D. Kreation, Bremen
Cover: image-team, Bremen
Satz und Layout: Axel Gross, Bremen
Druck: rgg Druck- und Verlagshaus, Braunschweig

Verlagsinformationen:
Jünger Service, Schumannstr. 161, 63069 Offenbach
Tel.: 069/84 00 03-22 (-0)   Fax: 069/84 00 03-33

Inhaltsverzeichnis

*Ein offenes Ohr ist
der Schlüssel
zur Kommunikation.*

Anfangsgedanken

Miteinander-Sprechen müßte sich doch eigentlich ganz einfach und konfliktfrei gestalten lassen, ist es doch nichts anderes als wechselseitiges Reden und Zuhören. Und das haben wir seit unserer Geburt geübt! Und Übung macht doch angeblich den Meister oder die Meisterin!? Richtig? Nein, ganz falsch!

Wir haben zwar gelernt, Wörter aneinanderzufügen, die Sinn ergeben sollen; wir kennen auch die Bedeutung der meisten Wörter. Ebenso haben wir „gelernt", unsere Ohren zu benutzen. (Ich habe nicht gesagt: zuzuhören! Damit wir uns gleich richtig verstehen!)

Aber wir müssen recht bald erkennen, daß nicht jeder versteht, was wir eigentlich gemeint haben! (Siehe unser Motto auf dem Titelblatt!) Denn in Wahrheit trennen wir uns oft durch unsere Worte gerade von den Menschen, die wir mit diesen Worten eigentlich für uns gewinnen wollten. Häufig ist nämlich nicht „wahr", was Person A sagt, sondern was Person B daraus hört, vernimmt oder gar hören will.

Vokale, Konsonanten und Grammatik genügen dabei nur vordergründig als „Pinsel, Farbe und Leinwand", ein „Gemälde" verständlicher Kommunikation aber haben wir damit noch lange nicht geschaffen.

Und Ohren am Kopf zu tragen heißt noch lange nicht, sie auch zum Zuhören zu benutzen.

„Falsches" Zuhören kostet Wirtschaft und uns alle in der Gesellschaft allgemein jährlich Millionen an DM und Minuten, und zwar durch:

7

- unergiebige Besprechungen, Sitzungen und Konferenzen, die in vielen Fällen nur „den Sieg des Sitzfleisches über das Gehirn" erbringen, dabei teuer und unendlich ermüdend sind;

- konfliktgeladene Gespräche, in denen vergessen wird, daß es um die Sache geht;

- emotionale Gespräche, in denen wir nur darauf warten, daß der Gegenpart ein „falsches" Wort sagt;

- mangelnde Einsicht in die Tatsache, daß Zeit ein wertvolles Gut ist! Es ist wirklich ein Jammer, daß „nichtssagende" Leute häufig am meisten reden. Ich meine damit nicht unbedingt die Politiker! Obwohl sich leere Reden am besten aufblasen lassen!

- die unendliche Fülle an Informationen, die täglich auf uns einstürmt und die wir krampfhaft versuchen zu bewältigen. Warum, glauben Sie, sind gegenwärtig die „Time-Management-Seminare" so aktuell, wenn es nicht gälte, auf dieser Welle der „imagebildenden Geschäftigkeit" mitzuschwimmen und noch mehr in noch weniger Zeit zu bewältigen?

- die alltäglichen kleinen Hörfehler, die sich ebenfalls in unserer Volkswirtschaft zu Millionenverlusten summieren. Unzählige Briefe müssen neu geschrieben, zahllose Termine revidiert und Zigtausende von Lieferungen neu verschickt werden. Und wenn die Mitarbeiter in einem großen Unternehmen sich gegenseitig nicht richtig zuhören, hat das noch schwerwiegendere Folgen. Auf dem Weg durch die Instanzen werden Ideen und Konzepte verfälscht und um bis zu 80% verändert. Denken Sie nur einmal an das „Radio-Eriwan-Phänomen" (als Kinder nannten wir es „Stille Post", s. Seite 84), dem wir als Erwachsene noch ebenso häufig erliegen!

Sie können sich den Rest der Geschichte selbst ausmalen!

Zuhören ist unserer Meinung nach „die bessere Seite" der Rhetorik; eine wichtige, jedoch meist *die* vernachlässigte und nicht erlernte Fähigkeit in unserer Kommunikation. (Oder haben Sie in der Schule in gleicher Weise Zuhören gelernt wie Lesen und Schreiben? Ganz bestimmt nicht!)

Wir behaupten sogar: *Die meisten Menschen sind ganz und gar ineffektive Zuhörer!*

Wir wollen im weiteren auch mit dem Vorurteil aufräumen, daß allein der sprechende Partner die Hauptverantwortung für gute Kommunikation trägt und daß Zuhören mit passivem Geschehenlassen gleichgestellt wird. Nein, ganz im Gegenteil: *Zuhören ist aktives Handeln!*

Haben Sie nicht auch schon erlebt, daß Sie nach einer Weile beteiligten Zuhörens, wenn Sie etwas sehr interessierte, recht erschöpft waren? Sehen Sie! Zuhören ist anstrengend! Zuhören ist Arbeit! Zuhören ist Engagement! Zuhören ist „willentliches Handeln"!

Vergessen Sie das Urteil anderer,
urteilen Sie selbst!

1. Wie halten Sie es mit dem Zuhören?

Eine Gewissenserforschung in 25 Fragen mit den Antwortmöglichkeiten: ja, nein, manchmal, nie, weiß ich nicht und anderen ...

Absicht des Kapitels:

- Sie sollen sich einen Moment lang selbstkritisch betrachten, bevor Sie den weiteren Text lesen!
- Denken Sie jeweils 1 Minute pro Frage intensiv nach; das mag genügen!
- Sie sollen Einsicht erlangen in Ihr Verhalten als Zuhörer und Zuhörerin gegenüber allen Sie umgebenden Menschen aus Privat- und Berufsleben.

- Werden Sie nervös oder bekommen Sie den bekannten „Blackout", wenn Ihr höchster Chef in der Nähe ist?

- Können Sie es kaum aushalten, wenn jemand langsam, stockend, nach Worten suchend redet? Sind Sie versucht, den Satz für ihn zu beenden?

- Können Sie einem stotternden Menschen ruhig und entspannt zuhören?

- Schaffen Sie es, sich bei Kollegen und Mitarbeitern rückzuversichern, ob man Sie richtig verstanden hat?

- Gelingt es Ihnen, jemandem zuzuhören, den Sie für langweilig und uninteressant halten, ohne gleich an die verschenkte Zeit zu denken?

- Wenn Sie in einer Konferenz, bei einer Präsentation und Diskussion Ihren Redebeitrag abgeliefert haben, versinken Sie dann in Tagträume, oder hören Sie weiterhin gut zu?

10

- Wenn Sie die erwünschte Antwort auf eine gestellte Frage erhalten haben, erlischt dann Ihr Interesse, oder hören Sie den nachfolgenden Ausführungen weiterhin interessiert zu?
- Können Sie sich situativ entspannen und sich auf das „Hier-und-Jetzt" konzentrieren?
- Wie steht's mit Ihren Vorurteilen? Kennen Sie Ihre Vorurteilsstruktur, die Ihnen ein relativ objektives Zuhören erschwert?
- Wie sind Ihre Rede- und Zuhöranteile im Gespräch allgemein? Etwa 50 : 50?
- Wissen Sie die Antwort immer schon im voraus?
- Trauen Sie sich zurückzufragen, wenn Sie etwas nicht richtig verstanden haben? Ganz besonders in Situationen, in denen Sie nicht Fachmann oder Fachfrau sind?
- Halten Sie oft Themen für „total" uninteressant? Seien Sie vorsichtig, es könnte etwas mit Ihnen zu tun haben!
- Stören Sie eher Krawatte, Sprechweise oder Frisur eines Redners als der Inhalt seiner Worte?
- Können Sie beim Zuhören zwischen Fakten und Meinungen unterscheiden?
- Kommt es vor, daß Sie Aufmerksamkeit heucheln, statt zuzugeben, daß Sie im Moment kein guter Zuhörer sind?
- Reagieren Sie abwehrend bei emotionsgeladenen Worten?
- Gedanken sind ja bekanntlich schneller als Worte; reagieren Sie spontan auf Gehörtes, oder warten Sie zu lange mit Ihrer Antwort?
- „Das kenne ich doch schon alles!" - Ist das häufig Ihre Einstellung?
- Ist es Ihnen eigentlich bewußt, wenn Sie jemanden unterbrechen?
- Denken Sie stets an den Zweck des Gespräches, dem Sie gerade lauschen?
- Realisieren Sie, daß oftmals das, was Sie hören, nicht das ist, was man Ihnen hat sagen wollen?

- Können Sie um Rat fragen und auch annehmen, was man Ihnen dann antwortet?
- „Ich bin der einzige, der wirklich zuhören kann!" - Glauben Sie das wirklich?
- Hören Sie stets auch das Positive und Kreative heraus!?

Das Ohr führt
die Welt
in den Menschen.

2. Wie und wo haben wir Hinhören und Zuhören gelernt?

Absicht des Kapitels:

- Einsehen, daß wir alle eine lange Zuhörerfahrung haben.

- Erinnern daran, welchen Stellenwert Zuhören in Schule und Elternhaus hatte.

- Sie animieren, mit Ihren Eltern ein Gespräch darüber zu führen, wie Sie als Kind hörten und was Sie besonders gerne hörten.

Noch bevor der Mensch sehen kann, hört er. Besteht die Chance, daß wir uns an irgendwelche Klänge aus den Monaten vor unserer Geburt erinnern? Gibt es so etwas wie eine „pränatale" Hörerziehung?

Wenn es denn stimmt, was H.-P. Reinecke (a.a.O., S.152 ff) schon vor Jahren schrieb, dann erklären sich auch die Versuche, mindestens in Japan, durch das Beschallen des ungeborenen Kindes mit klassischer Musik eine Prädisposition für spätere Vorlieben und Fähigkeiten zu erzeugen.

Reinecke schreibt: „*Man kann nicht früh genug damit anfangen (mit einer Konfrontation mit der Musik), will man ein qualifiziertes musikalisches Bewußtsein wecken. Geschieht das nicht beizeiten, so sind die Speicherzellen, um mich in der Sprache der Datenverarbeitung auszudrücken, die Interessen und Aufmerksamkeitsrichtungen schon anderweitig besetzt.*

Die Musikauswahl darf sich auch nicht an einem vermuteten Auffassungsvermögen der Kinder orientieren. Wir kranken an ei-

13

ner enormen Unterschätzung nicht nur des allgemein menschlichen, sondern vor allem auch schon des kindlichen Aufnahmevermögens."

Geradezu revolutionär sind auch Ideen verschiedener Autoren zum Thema Hörerziehung in den 60er Jahren (Ja, ja, die 68er-Generation!), durch die Einrichtung von „Hörminuten" im Unterricht feste Hörgewohnheiten und ein Hörbedürfnis zu entwickeln. Diese Vorschläge sind unseres Wissens nie in die Praxis umgesetzt worden.

Nun, liebe Leser, wie war das denn bei Ihnen? Erinnern Sie sich noch, wie Sie das Hin- und Zuhören gelernt haben? An das pränatale Hören werden Sie sich wohl kaum erinnern; es sei denn, Ihre Eltern können noch davon berichten, daß Sie bei bestimmten Tönen - Musik, Gespräch oder Umwelt - besonders lebhaft im Mutterleib reagiert haben!

Bei unseren Untersuchungen, wann das bewußte, leider oft auch zwangsweise, Hören beim Kind einsetzt, sind wir auf folgende Erinnerungen gestoßen. Hin- und Zuhören wurde gelernt:

- beim Märchenerzählen: Kennen Sie noch die Geschichte von „Hänsel und Gretel", vom „Rumpelstilzchen", von „Frau Holle" und von „Schneewittchen und den sieben Zwergen"? Überlegen Sie einen Augenblick mit geschlossenen Augen! Sie wissen noch ganz genau den Inhalt, Sie hören geradezu die Stimme der erzählenden Person, Sie erinnern sich an Umgebung, Ort und Zeit!

„Kinder brauchen Märchen", behauptet B. Bettelheim in seinem Plädoyer. *„Soll eine Geschichte ein Kind fesseln"*, so schreibt er (und das Folgende gilt eigentlich auch noch für uns Erwachsene!), *„so muß sie es unterhalten und seine Neugier wecken. Um aber sein Leben zu bereichern, muß sie seine Phantasie anregen und ihm helfen, seine Verstandeskraft zu entwickeln und seine Emotionen zu klären. Sie muß auf seine Ängste und Sehnsüchte abgestimmt sein, seine Schwierigkeiten aufgreifen und zugleich Lösungen für seine Probleme anbieten. Kurz: sie muß sich auf alle Persönlichkeitsaspekte beziehen!"* (Bruno Bettelheim, a.a.O.)

Wenn wir uns etwas von diesen Gedanken bewahrt hätten, uns so wie beschrieben auf unsere Gesprächspartner einstellten, wäre das Zuhören, dessen seien Sie sicher, auch heute noch eine Freude und lehrreich zugleich!

- bei Erzählungen der Älteren: Als Normen und Werte einen hohen Stellenwert besaßen, das Alter, die Lebenserfahrung also, mit Ehrfurcht betrachtet wurde (Heute gelten Sie ja schon mit 58 Jahren als im Berufsleben nicht mehr verwendbar und werden, wenn Sie nicht aufpassen, in „einem Senioren-Center geparkt"!), wurden die Erzählungen der Alten mit Interesse, Bewunderung und Anteilnahme gehört! Das ist heute ein wenig anders geworden: Wir hören CNN zum Frühstück, lauschen Bart Simpson und seiner Schwester und bewundern die Abenteuer von Fred Feuerstein!

- im Kindergarten: Hier hörten wir schon mehr auf die Geheimnisse, die uns von anderen Kindern anvertraut wurden, lauschten den Erzählungen und Vorlesungen der Kindergärtnerinnen, lernten Erlaubtes von Verbotenem zu unterscheiden.

- beim Kinderfunk im Radio: Sie haben recht, das gilt wohl eher für etwas ältere Menschen. Denn heute dominieren Walk- und Disc-Man die Szene. Doch der Kinderfunk, sonntags um 14.00 Uhr, ist noch vielen in Erinnerung; was man hörte, wurde montags in der Schule beredet. Bis wir dann alle sonntags um 18.00 Uhr auf BFBS die englische Hitparade hörten, Beach-Boys und Beatles Note für Note nachsingen konnten; das geht bei Techno-, Rap- und House-Music nicht mehr; hier dominiert nur noch der Rhythmus!

- in der Familie durch Nachahmung der Eltern-Sprache: Worte, die wir hörten, für wichtig und richtig hielten, die ungewöhnlich waren; lustige Wortspiele und Redensarten, Witze, „Kraftausdrücke", Lieder und Gebete haben wir aufgenommen. Wer als Kind in einer redenden, gar miteinander redenden Familie groß wurde, hat später viele Vorteile in Diskussionen und bei Konflikt- und Problembearbeitung.

- durch Kassetten-Hören (z.B. „Benjamin Blümchen", „Pippi Langstrumpf", „Lukas, der Lokomotivführer", „Die kleine Hexe", „Mikkey Mouse und Freunde").

- bei dem, was Freunde an Wichtigem zu erzählen hatten (Geheimnisse, erste Aufklärung, „Straßen"-Wörter): Denken Sie einmal zurück, wir behalten am besten nicht-alltägliche Geschichten, das, was uns brennend interessiert, und das, was wir über andere Menschen hören! Erinnern Sie sich einmal: Wo wurden Sie sexuell aufgeklärt? Waren es nicht unsere Freunde, die uns diese geheimnisumwitterten Verhaltensweisen der Erwachsenen unter dem Siegel der Verschwiegenheit berichteten? Bis heute macht uns ja gerade „heiß", was uns unter der Hand berichtet wird.

- bei all dem, was die Kirche zu „bieten" hatte: Predigten, biblische Geschichte, Orgel und Lieder. Typische Beispiele sind doch gewiß „Die Hochzeit zu Kana", „Der Zug durch das Rote Meer", „Die Kreuzigung Christi" und andere, an die wir uns heute und jetzt sofort erinnern.

- bei Gute-Nacht-Geschichten und Einschlaf-Liedern der Eltern, die man im Traum dann weiterlebte. Viele von uns erinnern sich bis ungefähr in das vierte Lebensjahr zurück. Geht es Ihnen genauso? Wissen Sie noch, wie Sie mit Ihrer Lieblingspuppe, dem Teddy, dem „Mecky" oder einem anderen „Objekt Ihrer Begierde", in die Kissen gekuschelt, einem Lied oder einer Geschichte lauschten, die Sie mit in den Schlaf nahmen? Und wehe, diese Geschichte wurde das nächste Mal anders erzählt; das wurde sofort bemerkt, denn gut zuhören konnten wir damals schon!

- aus nicht-alltäglichen Geschichten und heldenhaften Anekdoten, die jemand erzählte, den alle für einen Teufelskerl hielten: Ich denke hier an den Großvater, der erzählte, wie er im letzten Krieg alleine zehn Panzer umzingelte und 50 Feinde gefangennahm; an den Fliegerhelden der Familie, der mit brennender Maschine ohne Flügel und Fahrgestell heil zu Boden kam; an die Nachbarin, die ein Kind vor dem Ertrinken im Brunnen rettete.

- während der Jahre in der Schule: Also einer Mischung aus Vorlesung, Diktat, interessantem Unterricht, unterschiedlichen Lehrern, begeistertem, gelangweiltem oder zwangsweisem Zuhören, da ja immer Zensuren drohten, die einmal über sozialen Auf- oder Abstieg entscheiden würden.

Und im Erwachsenen-Leben geht das Zuhören-Lernen weiter:

- während des Studiums, der Berufsausbildung unter ständigem Erfolgszwang: Denn jedes Wort, das ich nicht mitbekomme, kann prüfungsrelevant sein; jede Andeutung der Lehrenden kann ein Hinweis auf den Stoff sein, der in der Prüfung abgefragt werden wird.

- im Vereins- und Clubleben: Was sagt wer zu wem, was sagt wer über wen; was wurde noch auf der Vorstandssitzung gesagt und steht nicht im Protokoll? Habe ich eigentlich richtig verstanden, was die Kassenprüfer über die Finanzen gesagt haben?

- im Beruf ganz allgemein und ganz besonders: in Sitzungen, beim Gespräch mit dem Vorgesetzten, bei der Betriebsversammlung, beim Kaufen und Verkaufen, in jeder Verhandlungssituation: Ohren auf, nachfragen, Informationen einholen, sich mit anderen austauschen!

- und last-but-not-least bei unseren zwischenmenschlichen Beziehungen, sei es nun Partnerschaft, Nachbarschaft oder Lebensgemeinschaft: Vieles wird nur so dahingesagt; legen Sie diesen Small talk nicht auf die Goldwaage, wenn Sie ihn hören. Bei wichtigen Aussagen allerdings sollten Sie sich doch häufiger rückversichern, ob Sie richtig verstanden haben oder woher Ihr Gesprächspartner das, was er behauptet, denn so genau weiß.

Nun, wie ist es Ihnen ergangen bei dieser Aufzählung? Ist hier und dort einmal die Erinnerung lebendig geworden an alte Zeiten, als Sie in der Schule an der Tafel standen und beweisen mußten, daß Sie Ihre Hausaufgaben gemacht hatten, von denen Sie in dieser Streßsituation nicht mehr das Geringste erinnerten? Wie Sie angestrengt lauschten, um sich „vorsagen" zu lassen? Wie Sie die Stimme des Lehrers hörten? Des guten Lehrers, der Sie beruhigte und Ihnen auf die Sprünge half, oder die des Lehrers, der sich zu freuen schien, gerade Ihnen jetzt eine saftige Fünf verpassen zu können.

Was nützen uns diese Erinnerungen? Zumindest zeigen sie uns: Wir haben alle dieselbe Geschichte! Und wenn wir uns darüber verständigen und die Zuhör-Blocker, auf die wir noch zu sprechen kommen, bekämpfen, können wir das Hören für uns neu entdecken.

Literatur:

Reinecke, H.-P., Nutzen und Gefahren der elektronischen Musikübertragung für die Hörerziehung von Kindern und Jugendlichen, zitiert in: Dopheide, Bernd, Musikhören, Hörerziehung, Wissenschaftliche Buchgesellschaft, Darmstadt, 1978

Bettelheim, Bruno, Kinder brauchen Märchen, Deutscher Taschenbuch Verlag, München 1980, s. Einführung

Das Gehirn ist ein wunderbares Organ!
Es beginnt mit der Arbeit,
sowie man morgens aufsteht,
und hört erst bei der Ankunft in der Firma damit auf!

3. Häufigste Fehler beim Zuhören und Gründe für unser ineffektives Zuhören

Absicht des Kapitel:

• **Erkennen, warum Sie nicht gut zuhören.**
• **Einsehen, wodurch andere Ihnen das Zuhören erschweren.**
• **Gründe für Zuhör-Blocker erkennen.**

Fehler beim Zuhören machen wir alle, und die Gründe dafür sind zahlreich. Wollen wir sie einigermaßen kategorisieren, sollten wir unterscheiden:

Gründe, die in mir liegen:

• Antipathie gegen den Sprecher („Diesen Typen kann ich schon seit langer Zeit nicht ausstehen, wie der sich hier wieder in den Vordergrund spielt, dem geht es doch nur um Selbstdarstellung!")

• Mimosenhaftes Hören („Ich habe genau gehört, was der gesagt hat! Mit dem Wort 'Sensibelchen' hat der natürlich wieder mich gemeint. Ich kenn' den doch!")

• Das Falsche heraushören (Es wird von Kostenreduzierung gesprochen, und ich fürchte um mein Gehalt.)

• Den Inhalt falsch „bedenken" (In allem, was gesagt wird, sehe ich nur den Teil, der mich betrifft, und nicht das „große Ganze".)

• Ermüdung im Tagesablauf („Das ist jetzt schon die vierte Besprechung heute; ich weiß kaum noch, wo mir der Kopf steht!")

- Langeweile, Gleichgültigkeit, Ignoranz („Interessiert mich nicht die Bohne, was können diese Typen mir denn schon Neues erzählen; die haben doch eine ganz andere politische Färbung und sind daher von vornherein unglaubwürdig!")

- Vorverurteilendes Hören („Ach, das ist doch der, den ich neulich in der Talk-Show erlebt habe, und ausgerechnet der will mir hier weismachen, daß ...")

- Vorgefaßte Meinung hineinprojizieren („Was die da sagen, geht gar nicht, das habe ich doch schon vor Jahren selbst versucht! Mir macht da keiner was vor.")

- Blockaden durch Streß, Hektik, Trauer, Hunger, Zeitmangel ...

- Konzentrationsmangel („Mir schießen tausend andere Dinge durch den Kopf, die viel wichtiger sind! Einkaufen muß ich auch noch ... Kommt der mit seinem Gerede denn nie zum Ende!")

- Unterschiedlicher Wissensstand („Also, ich habe da aus dem letzten Jahr ganz andere Zahlen; hat der eventuell ältere/neuere?")

- Den anderen nicht ernst nehmen („Der hat bisher immer nur den Clown gespielt, den nehme ich doch gar nicht ernst!") und Ironie („Ausgerechnet Sie, Herr Kollege, bringen Sie doch erst mal Ihr eigenes Leben in Ordnung!")

Gründe, die der Gesprächspartner zu vertreten hat:

- Die „Datenrate", die er sendet, ist viel zu hoch; mehr als 2,5 Worte/Sekunde ist zu schnell und zu viel! (Es gibt im Kurzzeit-Gedächtnis eine Grenze des Behaltens; mehr als die Hälfte aller Erwachsenen weiß den Anfang eines Satzes dann nicht mehr, wenn dieser Satz länger ist als 13 Worte; auch wenn eine Wortkette ohne Pause länger ist als 5,5 Sekunden, reißt buchstäblich der Faden!)

- Negativ besetzte Worte werden verwendet. (Unternehmer sind Ausbeuter; Soldaten sind Mörder und ähnliche.)

- Schlechter Redestil (unvollständige Sätze, zu lange Denkpausen, zu viele Fremdwörter, Formulierungen und sprachliches Niveau „unterhalb der Gürtellinie")

- Methodik des Vortrages ist unzulänglich. („Also lassen Sie mich gleich am Beginn sagen, daß ich am Ende meines Vortrages etwas von Ihnen fordern werde!" Na ja, geht mir da durch den Kopf, warum stiehlst Du dann meine Zeit und kommst nicht gleich zum Ende Deiner Ausführungen!)

- Rhetorisches Durcheinander (Im Redebeitrag springt jemand assoziativ von Hölzchen zu Stöckchen, arbeitet mit Redundanzen -„Wie ich vorhin schon mehrmals erwähnte ..."- und bringt ständig themen-irrelevante Bestandteile ins Spiel.)

- Körperliche Disharmonie (Mimik, Gestik und Motorik des Körpers sind unstimmig: Vor dem Körper verschränkte Arme einerseits und ein scheinbar freundliches Lächeln machen mich eher unsicher, was in meinem Gegenüber vorgeht, als daß ich aufmerksam zuhöre.)

- Äußeres Erscheinungsbild (Die schwarzen Ränder unter den Fingernägeln, der offene Hemdenknopf, der Fleck auf der Jacke stören mich; die unsauberen Schuhe lassen mich rätseln, über welchen Acker mein Gegenüber gegangen ist.)

- Kein Kontakt zu den Zuhörern („Die Zuhörer machen den Redner", heißt es. Der Redner muß aber auch etwas dazu tun: Blickkontakt halten mit allen Partnern und nicht über sie hinwegsehen, als säße hinter ihnen die einzig wichtige Persönlichkeit.)

- Falsches Einschätzen der Zielgruppe in ihrem gesellschaftlichen Selbstverständnis, inhaltlichen Vorwissen und Anspruchsniveau („Je nach Situation rede ich anders", heißt eine der Grundregeln der Rhetorik. Ich muß mich also situativ auf meine Gesprächspartner einstellen. Das ist nicht immer einfach. Mir wird jedoch niemand mit Wohlwollen zuhören, wenn ich mich nicht „in seine Welt" begebe. Nicht, daß ich jemandem nach dem Munde rede, damit er mir zuhört; ich muß mich auf ihn einstellen und zunächst meine eigenen Ambitionen zurückstellen, wenn ich jemanden überzeugen will.)

- Zeitlimit wird überschritten. („Ich will jetzt schließen, aber noch einmal kurz die 400jährige Geschichte unseres Hauses ..!" Sie kennen diese rhetorischen Sadisten?)

- Aggressives, entwertendes, überhebliches Verhalten (Nach dem Motto: „Ich weiß gar nicht, warum Sie da Probleme haben; wenn man ein wenig Verstand benutzt, ist das doch ganz einfach!")

- Keine Mimik, keine Gestik, rhetorischer „Zombie" („Ich bin ja so cool, man! Mit meinem Pokerface, bei Dir verziehe ich sowieso keine Miene, stehe ich über den Dingen!" Was zu bezweifeln wäre!)

- Kein Engagement, Temperament einer „Wanderdüne" („Ich habe innerlich schon gekündigt, mache nur noch Dienst nach Vorschrift; es lohnt sich ja sowieso nicht mehr, sich zu engagieren!")

Gründe aus dem Gesprächsumfeld:

- Ablenkungen durch Besucher, Geräusche, Kinder (Ständig geht das Telephon, laufend kommt ein „ungebetener" Gast ins Zimmer, die „lieben Kleinen" spielen sich in den Vordergrund.)

- Nebengespräche anderer Anwesender (Einige haben sich ständig etwas mitzuteilen, was in keiner Weise zum Thema gehört!)

- Technische Pannen (Die Glühbirne des Overhead-Projektors sträubt sich gegen die Bemühungen des Redners, der sie gegen eine neue austauschen will. Das Flip-chart bricht in sich zusammen. Der ach so wichtige Folienstapel rutscht vom Tisch.)

- Raumtemperatur (Wer schon einmal bei 12 Grad Zimmertemperatur ein heißes Thema stundenlang diskutiert hat oder bei 28 Grad Zimmertemperatur eine Präsentation der neuesten Eiscreme-Sorten erleben durfte, weiß, was ich meine!)

- Ungünstige Tageszeit im Hinblick auf die physiologische Leistungskurve des Menschen (Mittags nach einem ergiebigen Essen, kurz vor Feierabend am späten Nachmittag oder abends nach 21.00 Uhr ist man höchstens noch zum „Beamten-Dreikampf" - Knicken, Lochen, Abheften - in der Lage, aber nicht unbedingt zum aktiven Zuhören.)

- Örtliche Umgebung paßt nicht zum Inhalt des Gespräches. (Sie führen wahrscheinlich kein wichtiges Firmengespräch während des Essens in der überfüllten Kantine, keine therapeutische Beratung in der Straßenbahn und kein „Beziehungsgespräch" beim Gang über den Wochenmarkt. Nein, denn der „richtige" Ort erleichtert das Zuhören.)

Wie es einen Blickfang gibt,
so gibt es auch einen Hörfang!

4. Wichtige Zuhörsituationen und ihre Kennzeichen

Absicht des Kapitels:

* **Ein Gespräch analysieren können.**
* **Wichtige Zuhörsituationen im Privatleben einschätzen.**
* **Wichtige Zuhörsituationen im Berufsleben einschätzen.**

Eigentlich ist es ein Zeichen von Wertschätzung, daß ich meinem Gesprächspartner - wer immer es ist, in welcher Situation wir uns auch befinden, um was es beim Gespräch auch gehen mag - ruhig und ohne ihn zu unterbrechen zuhöre!

Ich merke schon, wie sich bei dieser Aussage Ihr Widerspruch regt. Und natürlich haben Sie recht: Sie sind doch kein seelischer Müllplatz, und überhaupt haben Sie gar nicht die Zeit, sich der „akustischen Umweltverschmutzung" durch andere Menschen auszusetzen!

Also müssen wir uns je nach Situation „entscheiden", und das tun wir auch zeitlebens unbewußt und voller Vorurteile, wie wir hinhören und zuhören wollen.

Lassen Sie uns einmal betrachten, wie wir ein Gespräch analysieren. Denn in jeder Sprech- und Hör-Situation zwischen zwei oder mehr Personen sind folgende Einzelelemente zu berücksichtigen, die für eine situativ richtige Gesprächsgestaltung von Wichtigkeit sind:

Wer spricht?	Jeweils ein Mensch als Individium in einer Rolle		Wer hört zu?
Wo wird gesprochen?	Stadt, Land, Haus, im Freien, im Zimmer		Wo wird gehört?
Wann wird gesprochen?	Tageszeit und „Zeithof" (was ging voraus, was folgt nach?)		Wann wird gehört?
Was wird gesprochen?	Fragen, Appelle, Informationen, Wortbedeutungen, Satzarten		Was wird gehört?
Wie wird gesprochen?	Sprecherisch: laut, leise, schnell, emotional Sprachlich: mundartlich, mit vielen oder wenigen Worten	Geduldig, ungeduldig, zu- oder abgeneigt, analytisch	Wie wird zugehört?
Besprochene Themen?	Fakten oder Meinungen		Gehörte Themen?
Warum wird gesprochen?	Anlaß, Ursache, Erwartung, Motiv, Beweggrund		Warum wird zugehört?
Wozu wird gesprochen?	Absicht, Ziel, Intention		Wozu hört man zu?
Wie lange spricht jemand?	Kurze Statements, längere Ausführungen, Dauerredner	Längere Zeit, mit ungeduldigem Unterbrechen, „in sein Schicksal ergeben"	Wie lange hört jemand zu?

Abb. 1: Gesprächsanalyse

Wir stellen uns meistens spontan auf die jeweilige Sprech- und Hörsituation ein, ohne daß es uns bewußt wird und ohne lange Überlegung. Mit kleinen Kindern reden wir ein wenig anders als mit großen, mit einem Lieferanten anders als mit dem Gerichtsvollzieher, mit einem Team-Kumpel anders als mit einem Flegel, der uns den Parkplatz vor der Nase wegschnappt.

Doch gibt es auch Menschen, die stets nach dem Motto handeln: Mein einziges Werkzeug ist der Hammer, ich sehe in allem nur den Nagel!

Solche Menschen haben einen eklatanten Mangel an sozialen Fertigkeiten und handeln in jeder Situation auf ein und dieselbe Weise; wobei sie sich noch für perfekt, humorvoll und unangreifbar halten! Sicher handeln sie unbewußt und auch unkritisch mit sich selbst. Sie übersehen einfach die Vielzahl von Chancen und Risiken, die ein Gespräch gelingen oder mißlingen lassen.

Wenn Sie demnächst wieder einmal aus einem Gespräch gehen, zufrieden oder auch unzufrieden, dann benutzen Sie bitte einmal unser Schema *Gesprächsanalyse*, um zu klären, warum das Gespräch gerade so und nicht anders verlief.

Auf der linken Seite der Darstellung finden Sie die sprechende Person, rechts finden Sie die zuhörende Person. Im Gespräch tauschen Sie ständig diese Rollen aus! Sie werden erstaunt sein über die Vielzahl der Variablen, die im Gespräch eine Rolle spielen können und die wir in den seltensten Fällen bewußt berücksichtigen.

Wenn Sie ein wenig von Kombinatorik verstehen, werden Sie leicht errechnen können, daß die zahlreichen Variablen, nun kombiniert zu Neunergruppen, weit mehr als hundertmillionen Möglichkeiten ergeben, Gespräche und deren Elemente zu gestalten.

Deswegen: Es gibt niemals zwei gleiche Gesprächssituationen!

Man kann nie zweimal in den gleichen Fluß steigen, wie die alten Griechen sagten. Sie haben so viele Möglichkeiten, scheinbar standardisierte Sprech- und Zuhörsituationen, in denen Sie immer wieder den gleichen Leuten begegnen, anders zu gestalten.

Was halten Sie davon: Handeln Sie bei der nächsten Diskussion doch mal gegen die Erwartungen der Leute und reagieren auf Gehörtes ein klein wenig anders als bisher! Die Anzahl der Ihnen zur Verfügung stehenden Möglichkeiten, das haben Sie gesehen, ist so groß, daß Sie im Verlaufe Ihres Lebens, selbst wenn Sie ständig eine neue Verhaltens- und Reaktionsvariante probierten, nicht alle durchspielen könnten!

Die Konsequenz für Sie hieraus kann heißen: Sie sollten diejenigen Situationen erkennen, sie „speichern", sie spontan wissen, die für Sie wichtig sind und die Sie zu Ihrem Vorteil gestalten wollen. Welche aber sind das?

In meinen Zuhör-Seminaren in Industrie-, Handels- und Dienstleistungs-Unternehmen habe ich danach gefragt; und hier sind die genannten Situationen:

Wichtige Zuhörsituationen im Privatleben:

• Wenn mich etwas direkt betrifft und Auswirkungen auf mein Leben zu haben scheint: Wenn ich hier nicht aufmerksam (merke auf!) bin, rechtzeitig richtig reagiere und mich zu Wort melde, können negative Konsequenzen für mich entstehen. (Erinnern Sie sich: „Wer zu spät kommt, den bestraft das Leben!")

• Wenn Nöte, Sorgen und Ängste im Konfliktgespräch genannt werden: Gerade hier empfiehlt es sich, das anzuwenden, was als reflektierendes oder non-direktives Zuhören bezeichnet wird. Beispiel: Jemand wirft Ihnen vor: „Sie haben sich doch noch nie um unsere Abteilung gekümmert!" Ihre Normal-Reaktion könnte bisher gewesen sein:

Anordnen: „So sprechen Sie bitte nicht mit mir, verstanden!"

Warnen: „Dieser Vorwurf wird Ihnen noch mal leid tun!"

Moralisieren: „Sie sollten nicht so aggressiv sein!"

Beraten: „Ich schlage vor, Sie besprechen das mit Ihrem Therapeuten, wenn Sie da Probleme haben."

Logisch argumentieren: „Das dürfen Sie so nicht sehen!"

Beschuldigen: „Das ist ein ziemlich unreifer Standpunkt!"

Ironisieren: „Na schön, wenn Sie meinen!"

Trösten: „Machen Sie sich mal keine Sorgen, das stimmt nicht."

Forschen: „Ach, und wann hatten Sie das Gefühl zum ersten Mal?"

Ablenken: „Kommen Sie, lassen Sie uns über was anderes reden!"

Antworten Sie demnächst reflektierend und non-direktiv (das Gefühl spiegelnd, ohne dem anderen zu verordnen, wie er denken soll), wenn Sie eine derartige Botschaft hören:

„Das hört sich an, als sei es wichtig, daß wir jetzt mal darüber sprechen."

„Sie haben das Gefühl, ich würde mich nie um Sie kümmern?"

Wie Sie merken, sind das keinerlei Maßregelungen mehr, sondern nur noch Aufforderungen zum Sprechen, die den weiteren Weg des gegenseitigen Verständnisses ebnen sollen.

- Wenn ich Musik zur Entspannung (zum Relaxen) höre: Über die „heilsame" Wirkung der Musik werden wir im weiteren noch zu reden haben. Sie werden es schon selbst erfahren haben, wie eng die Verbindung zwischen Musik und körperlicher Befindlichkeit ist. Wir wissen ja auch, daß entspannende Musik in lärmfreier Atmosphäre (Lärm ist hörbarer Müll, den wir eines Tages wahrscheinlich genauso bekämpfen müssen wie Krebs und Aids) die Grundlage für die revolutionäre Losanov-Methode des Superlearning zur Steigerung von Wissen und Gedächtnis durch müheloses Lernen ist. Wie Sie selbst wahrscheinlich am besten wissen, schotten wir uns, um bei Musik zu entspannen, häufig auch durch Kopfhörer von der Umwelt ab! Wir isolieren uns von der Umwelt. Schade, daß es soweit kommen mußte.

- Ganz allgemein in Partnerschaft und Ehe: Nicht umsonst sind Bücher mit Titeln wie „Das habe ich nicht gemeint!", „Das habe ich so nicht gesagt" und „Du verstehst mich überhaupt nicht richtig" seit Jahren auf der Bestseller-Liste. Nach wissenschaftlichen Untersuchungen sprechen Ehepaare im Tagesablauf nicht mehr als insgesamt gesehen ungefähr 7 Minuten miteinander! Und wenn es dann gar nicht mehr miteinander geht, haben die Familientherapeuten Hochkonjunktur! Es wäre bestimmt besser, schon in Schule und Hochschule ein Fach „Zuhören" zu installieren, wie es in USA bisweilen schon zu finden ist. Bei uns dagegen hat immer noch die Rhetorik im Sinne von „reden, reden, reden" ihre Blütezeit.

- Bei Gesprächen zwischen Eltern und Kind: Da diese Gespräche meist außerordentlich sensibel und gefühlsbelastet sind, ist ein ruhiges Zuhören, das dem anderen das Gefühl vermittelt, „was auch immer es ist, ich akzeptiere dich", dringlichstes Gebot. Wir machen es uns zu leicht zu sagen, die Eltern sind an allem schuld. Ist es nicht ein wenig komisch, wenn ein erwachsener Mensch von 30 Jahren uns erzählt, an seinen Problemen mit seinem Vorgesetzten seien nur seine Eltern schuld? Schön und gut, wenn er das weiß; aber die Frage ist doch nicht, woher kommen meine Schwierigkeiten, sondern was kann ich als erwachsener Mensch dagegen tun! Die Eltern zu be-schuld-igen ist leicht, wer aber schult sie? Vielleicht gelingt es uns ja mit diesem Buch über das Zuhören, auch ihnen einige neue Tips und Hilfestellungen zu geben!

- Eine Wegbeschreibung hören: Kennen Sie das auch? Sie bitten jemanden, Ihnen in einer fremden Stadt den Weg zum „Mühlendeich" zu beschreiben, und der sagt, Ihre geistige Kurzzeit-Kapazität total überschätzend: „Also, Sie fahren durch Lilienthal durch, die BP-Tankstelle rechts liegenlassend, direkt dahinter in den Timkenweg, 100 Meter geradeaus, dann links rein 200 Meter, dann rechts rum 300 Meter, und achten Sie auf die Holperschwellen, am Ende fahren Sie links weiter bis zu den weißen Häusern im Landhaus-Stil etc. etc." Um nicht den Eindruck eines totalen Deppen abzugeben, sagt man „Vielen Dank!" und fährt los und weiß nach der BP-Tankstelle schon nicht mehr, wie es weitergeht. Unser Fehler war es, daß wir uns nicht vergewisserten, ob wir alles richtig verstanden hatten. „Habe ich das richtig mitbekommen, daß ich ...", so hätten wir fragen müssen. Aber vielleicht tragen wir ja in uns die uralte Annahme von „den dummen Fragen", und dumm wollen wir nie sein, selbst wenn wir anschließend mit dem Auto im Moor stekkenbleiben!

- Beim Gespräch mit dem Arzt: Ganz gewiß, da werden Sie mir beipflichten, gehört dem Inhalt des Gespräches mit dem Arzt unsere volle Aufmerksamkeit! Es geht oft um Lebenswichtiges. Bitte haben Sie Verständnis dafür, daß der Arzt gezwungen ist, den ganzen Tag in seiner Fachsprache zu denken und zu reden. Und wenn er Ihnen dann attestiert, daß Sie an einer „vegetativen Dystonie" leiden, erschauern Sie nicht unter diesem vermeintlich schweren Schicksalsschlag (vielleicht läßt es sich ja in Ihrem Falle mit „schweren nervösen Magenschmerzen" übersetzen), sondern fragen Sie ihn nach einer umgangssprachlichen Übersetzung dieses Begriffes, die er Ihnen bestimmt sofort geben wird.

- Beim Gespräch mit dem Therapeuten: Hier werden die Zuhör-Anteile bestimmt zu 70 bis 80% beim Therapeuten liegen, der Sie sprechen läßt, um aus dem, was „aus Ihnen spricht", eine Lösung für Ihre Konflikte zu suchen. Um so mehr werden auch Sie jedes seiner Worte wichtig finden, da Sie von ihm Hilfe erwarten.

- Beim Gespräch mit dem Seelsorger: Auch im Gespräch mit dem Seelsorger, dem Pfarrer würden wir eher sagen, werden auch heute noch Dinge gesagt und gehört, ausgetauscht, die für viele Menschen tiefe Bedeutung haben. Wenn auch die Kirche heute einen eklatanten Mitgliederschwund zu verzeichnen hat, weil viele Menschen „glauben", autark und selbstbestimmt ihr Leben führen zu können, halten wir dennoch derartige Gespräche für notwendig und hilfreich. Zumindest halfen sie in den „guten alten Zeiten", als man noch nicht gleich zum Therapeuten rannte, wenn man in sich den Wunsch verspürte, ein neues Oberhemd kaufen zu wollen.

Wichtige Zuhörsituationen im Berufsleben:

- Wenn es mich direkt betrifft und Auswirkungen auf mein Berufsleben zu haben scheint: Hier muß ich auf-merken, reagieren und mich einmischen, um meinen Status zu erhalten; muß mich bemerkbar machen und situationsangemessen, sachlich und konstruktiv auf das Gehörte (ge-hör-ig!) reagieren.

- Bei Informationsgewinn und Informationsübermittlung: Zur Erfüllung Ihrer beruflichen Aufgaben sind Sie darauf angewiesen, das eigene Informationsumfeld zu vergrößern und auch selbst Informationen weiterzugeben. Durch richtiges Zuhören, das heißt: den anderen ernst nehmen, sich um ihn kümmern, wirklich etwas von ihm wissen wollen, gewinnen Sie wertvolle Informationen, vorausgesetzt, der andere hat wirklich etwas zu sagen! Der Tip: Hören Sie, ganz besonders einem Vielsprecher, selektiv zu: Das Wesentliche müssen Sie aufnehmen können, und nicht jede unwichtige Facette am Rande. Hören Sie auf das, was gesagt werden *sollte*, dann wird Ihnen klar, wenn etwas *nicht* gesagt wird! Und wenn Sie selbst Informationen weitergeben müssen: Achten Sie strikt darauf, daß Sie zwischen echter Information und subjektiv geprägter Meinung unterscheiden. Soll heißen: Geben Sie nur solche Informationen weiter, die Sie ganz genau beweisen, belegen und nachprüfen können!

- Im Kritikgespräch: Diese Gespräche sagen mir etwas darüber, wie meine derzeitige Wertschätzung im Unternehmen aussieht. Mag man mich, rechnet man mit mir auch noch in der Zukunft oder - wie es in der Raumfahrt heißt - „liege ich schon qualmend auf der Abschußrampe". Da diese Gespräche auch für den Vorgesetzten keine leichte Aufgabe sind, denn er muß häufig für den Mitarbeiter Schicksal spielen und Entscheidungen von großer Tragweite treffen, wird er sich manchmal nicht unbedingt klar und deutlich ausdrücken, sondern versuchen, Ihnen „durch die Blume" etwas zu sagen. Falls Sie zudem auch noch ein gut funktionierendes Verdrängungssystem haben und sich sagen, das hat der bestimmt nicht so gemeint, werden Sie überrascht sein; denn das hat er so gemeint!

- Beim Vorstellungsgespräch: Ein einziges „falsch" gehörtes Wort kann Sie viel Geld kosten! Versetzen wir uns in die Lage eines Bewerbers, dem auf seine Bitte, nach der erfolgreich bestandenen Probezeit ein höheres Gehalt bekommen zu wollen, gesagt wird: „Natürlich, wir bestätigen Ihnen gerne, daß wir nach der Probezeit Ihr Gehalt überprüfen werden!" Wenn unser Bewerber sich jetzt zufrieden zurücklehnt, in der Annahme, sein Wunsch sei respektiert worden, wird er nach 6 Monaten eine Überraschung erleben! Denn er wird vielleicht feststellen müssen, daß „überprüfen" nicht unbedingt „erhöhen" heißen muß; es kann auch „beibehalten" oder sogar „senken" bedeuten. Das mag in der Regel nicht so sein, aber wir haben auch diesen Fall schon erlebt!

- Wenn wir Aufträge/Aufgaben erhalten: Ganz besonders bei der mündlichen Aufgabenstellung werden unbewußt Fehler gemacht: Formulierungsfehler auf der Seite des Sprechers und Hörfehler (falsche Wahrnehmung, falsche Interpretation) auf der Seite des Hörers. Als Hilfsmittel empfehlen wir: Jede mündlich erteilte Aufgabe aufschreiben und sich durch Nachfragen rückversichern, ob Sie richtig verstanden haben. Dies gilt natürlich nur bei wichtigen Aufgaben, nicht wenn Sie jemand bittet, ihm ein Brötchen aus der Kantine mitzubringen!

- Bei der Protokollführung: Da aus „berechtigten" Gründen - denn wer möchte schon später auf seine Worte festgenagelt werden! - nur selten ein Tonband das Gespräch aufzeichnet, kommt es hier ganz besonders darauf an, gut zuzuhören! Wir empfehlen Ihnen dringend, jeden einzelnen Tagesordnungspunkt, sobald er behandelt ist, abzusichern, indem Sie sich mit den Teilnehmern abstimmen, was davon in das Protokoll aufgenommen werden soll. Warten Sie nicht, bis Sie wieder in Ihrem Büro am Schreibtisch sitzen und Ihre Aufzeichnungen studieren, um das Wichtigste zu protokollieren. Das gibt bei der Verabschiedung dieses Protokolls in der nächsten Sitzung nur unnötige „Reparatur-Arbeiten"!

- In allen Verhandlungssituationen: Wenn wir „verhandeln" definieren als „Einsatz aller verbalen und non-verbalen Mittel auf taktisch-diplomatische Weise zur Erreichung eines Zieles", dann wird schon klar, daß damit auch ein effektives Zuhören gemeint ist. Zeigen Sie dem Gegenüber durch körperliches Zuwenden und durch Augenkontakt, wie interessiert Sie sind. Es kommt beim Verhandeln oft auf jede verbale Nuance an, die Sie heraushören müssen; ein unsicheres Statement, eine ungenaue Formulierung, jegliche körperliche Veränderung müssen Sie hören und erkennen. Also Augen auf, und die Ohren wie Mr. Spock, der Venusier, gespitzt halten!

Generell wichtige Zuhör-Situationen:

- Bei Entscheidungen von großer Tragweite: Hier ist jedes Wort wichtig; ständiges Abstimmen, ob ich auch richtig verstanden habe, genaue Wortwahl, präzise Angaben sind fundamental. Nicht umsonst wird in Bundeswehr, Bundesgrenzschutz und Polizeidienst die „Laswell-Formel" so geschätzt! Sie lautet: Wer hat was wie wann auf welchem Kanal (Funk, Telephon, Fax, schriftlich, mündlich) wem warum übermittelt. Und nach diesem Schema werden auch Befehle weitergegeben - und bestimmt nicht so, wie Wolfgang Neuß es damals mit der „Sonnenfinsternis auf dem Kasernenhof" karikierte.

- Wenn wir bei ungleichem Informationsstand eine gemeinsame Ebene erreichen wollen: Wir „machen uns gegenseitig schlau" durch gute Fragen und durch gutes Zuhören. Stellen Sie sich vor, Sie mußten wegen einer plötzlichen Grippe das Bett hüten und kommen nach einer Woche in Ihr Team zurück. Da ist es doch selbstverständlich, wenn dieses Team gut funktioniert und seinen Namen wert ist, daß Sie alle wichtigen Informationen erhalten, um den gleichen Wissensstand zu haben wie alle anderen.

- Wenn kein „Klartext gefunkt wird": Dann überlege ich mir schon, warum nicht klar und deutlich gesprochen wird, und wenn es wichtig ist, frage ich nach. „Klartext" wird häufig dann nicht gesprochen, wenn es um Bürogeheimnisse, Klatsch und Tratsch geht oder auch um betriebliche Entscheidungen, die aus taktischen Gründen noch nicht kommuniziert werden können oder sollen.

- Alarm- und Notrufe: Hier wird uns das Zuhören leicht gemacht, da alle Signale farblich in Rot, Orange und Grün, akustisch in schrillen, hohen Pfeif-, Glocken-, Sirenentönen gesendet werden, in Frequenzen, die höher sind als der Geräuschpegel des Alltages.

• Beim Telephonieren: Zu diesem interessanten Kommunikationsgeschehen ließe sich gleich ein ganzes Buch schreiben! Wir wollen nur so viel erwähnen: Noch haben wir nicht generell das Bildtelephon und sind daher darauf angewiesen, all unsere Aufmerksamkeit auf den Anrufer, seine Worte und seine „paralinguistischen Signale" (sorry, seine Lautäußerungen, die nicht Worte sind, also Lachen, Keuchen, Stöhnen, Mhs, Öhs und Ähs) zu richten. In seinem Welt-Bestseller „Phone power" gibt uns George Walther einige effektvolle Verhaltenstips:

– Stellen Sie sich bewußt auf das Zuhören ein.

– Wenden Sie sich von Ihren anderen Aufgaben ab.

– Achten Sie bewußt darauf, daß Sie „offen" (aufnahmebereit) bleiben.

– Lassen Sie den anderen reden, ohne ihn zu unterbrechen.

– Geben Sie mündliche Rückmeldungen (Interessant ... Aha ... Hm).

– Nehmen Sie dieselbe Körperhaltung ein, wie wenn Ihnen der Gesprächspartner gegenübersäße.

– Machen Sie beim Telephonieren grundsätzlich Notizen.

– Wiederholen Sie alle wesentlichen Fakten, und überprüfen Sie diese gleichzeitig.

• Bei der Wiedergabe von Gesprächen: In unseren Kinderjahren, so werden sich viele von uns erinnern, haben wir oft und gerne „Stille Post" gespielt; das ist die geflüsterte Weitergabe von Informationen - geben Sie es ruhig zu, Sie haben damals bewußt manches Wort verändert! -, bis dann der letzte der Weitergabe-Kette unter dem Gelächter aller verkündet, was zu ihm durchgedrungen ist. Das spielen wir heute zwar nicht mehr bewußt so, aber vielleicht unbewußt? Genau das ist das Problem! Von einer Freundin hören Sie die Bemerkung: „Mir geht es heute gar nicht gut."; ein Satz, der offen ist für jegliche Interpretation. Wenn Sie jetzt nicht ganz genau aufpassen, erzählen Sie einer anderen Bekannten unter Umständen: „Meine Freundin hat mir gerade erzählt, daß sie heute krank ist." Ihr Fehler dabei ist, daß Sie die Worte „nicht gutgehen" mit „krank" übersetzen. Sie hätten aber auch bedeuten können: ich bin wetterfühlig, ich habe Muskelkater vom Tennis oder von der vielen Gartenarbeit, ich habe Streit mit jemandem, ich ärgere mich über etwas. Und da Sie nicht zurückgefragt haben: „Was meinst Du mit, ,Mir geht es heute nicht gut?'", konnte Ihnen diese Fehlinterpretation passieren. Noch schwieriger wird das Ganze, wenn Sie Quallensätze hören müssen, wie: „Ey, ich bin heute nich' gut drauf!" oder noch schlimmer: „Also echt, ich bring das heute total nicht!" Diese Art Sprache spricht für sich selbst in ihrer bewußten Ungenauigkeit!

Literatur:

Walther, George, Phone Power - Das Telephon als effektives Erfolgsinstrument, ECON, Düsseldorf 1989

Ein Denkmal - gibt es!
Aber ein Hörmal?
Ein Siehmal?
Ein Zeigmal?
Ein Riechmal?

5. Weißt Du, wieviel Ohren ...?

Absicht des Kapitels:
- **Eine kleine kreative Pause nach den ersten 5 Kapiteln einlegen.**
- **Aufmerksam machen auf unsere Sprache und ihre Bilder.**
- **Sie animieren, weitere Bilder zu entdecken.**

Anliegende Ohren

Abstehende Ohren

Segelohren

Die Ohren spitzen

Die Löffel aufstellen

Mit den Ohren wackeln

Auf den Ohren sitzen

Sich in den Ohren liegen

Trocken hinter den Ohren sein

Es kommt uns zu Ohren

Bis über beide Ohren verlieben

Ein offenes Ohr finden

Auf taube Ohren stoßen

Sich etwas hinter die Ohren schreiben

Schlitzohrigkeit

Eselsohren

Es faustdick hinter den Ohren haben

Jemanden übers Ohr hauen

Ohrfeigen

Ohrensausen

Brennende Ohren

Die Ohren langziehen

Der Ohrwurm

Ein Ohrenschmaus

Ganz Ohr sein

Nun, fallen Ihnen noch weitere Redensarten ein?

Ist es nicht erstaunlich, wo und in wie vielen Wörtern „hören"
steckt?

Gelingt es Ihnen, unser „Hörspiel" zu knacken ?

Lösung:

1	2	3	4	5	6		7	8	9	10	11	12	13	14	15		16	17	18	19	20	21	22	23

Dies sind die einzusetzenden Wörter: erhören, dazugehören, raushören, zuhören, Ungehorsam, aufhören, gehören, horchen, querhören, gehorchen, ungehörig, hinhören, einhören, abhören, reinhören, überhören, weghören, zugehörig, Hörigkeit, anhören, hörig

Die Lösung des Rätsels finden Sie auf Seite 42. Viel Spaß!

Tritt fest auf,
mach's Maul auf,
hör bald auf!

6. Die Grenzen unserer Wahrnehmung – nach 13 Wörtern ist meistens Schluß

Absicht des Kapitels:
- Erkennen, daß wir nicht alles in unbegrenzter Menge aufnehmen können.
- Die 13-Wörter-Grenze kennenlernen.
- Die 3-Sekunden-Zeitkonstante kennenlernen.

Ein erstaunliches Forschungsergebnis (Institut für Kybernetik, Paderborn) gilt es zu berichten: Gut die Hälfte aller Erwachsenen kann, laut wissenschaftlichen Erkenntnissen, gesprochenen Sätzen mit mehr als 13 Wörtern nicht mehr folgen!

Auch wenn eine Wortkette ohne Pause länger als 5,5 Sekunden dauert, reißt buchstäblich der Faden beim Zuhörer!

Für siebenjährige Kinder ist die „Schallgrenze" des Verstehens bereits bei acht Wörtern erreicht. Deswegen seien Sie Ihren Kindern nicht böse, wenn sie ein Diktat „in den Sand" setzen. Sehen Sie lieber einmal nach, wie lang die diktierten Sätze sind, wie sie diktiert wurden und sprechen Sie mit dem Lehrer oder der Lehrerin über das noch begrenzte Hör- und Aufnahmevermögen eines kleinen Kindes. Auch Lehrer wissen nicht alles!

Zu diesen Erkenntnissen gelangte das erwähnte Paderborner Institut für Kybernetik (= Meß-, Steuerungs- und Regeltechnik), das Tests mit mehr als tausend Menschen machte.

39

Nachrichtensprecher in Funk und Fernsehen, Lehrer und Vortragsredner aller Art sollten daraus Konsequenzen für ihre Sprechweise ziehen, meinen die Forscher.

Und weiter mit den Forschungsergebnissen: Rund ein Drittel aller Erwachsenen vergesse den Anfang eines Satzes bereits dann, wenn elf Wörter ohne Pause aneinandergereiht werden.

Bei gedrechselten Sätzen mit 18 oder mehr Wörtern schrumpfe die „verständnisvolle" Zuhörerschaft auf ganze 15%!

Die Sprechgeschwindigkeit sollte 2,5 Wörter je Sekunde nicht überschreiten, soll heißen: Sprechen Sie langsam, wenn Sie verstanden werden wollen!

Wen wundert es da noch, wenn 7% aller Sätze der „Bild-Zeitung" aus nur 4 Wörtern bestehen?

Die Deutsche Presse-Agentur (dpa) gibt hinsichtlich der Satzlänge folgende Empfehlungen an Nachrichtenleute und Journalisten, damit sie verstanden werden:

• Die Obergrenze der optimalen Verständlichkeit liegt bei Sätzen mit 9 Wörtern.

• Die Obergrenze der erwünschten Satzlänge liegt bei Sätzen mit 20 Wörtern.

• Und die Obergrenze für Satzlängen, die dpa erlaubt, liegt für die „schreibende Zunft" bei Sätzen (mit Nebensätzen) mit 30 Wörtern.

Selbst auf die Gefahr hin, daß Sie mich einen Macho schimpfen:

Gute Sätze sollten wie ein Bikini sein (Sie erinnern sich?): So, daß sie das „Wesentliche" sicher umfangen, und so knapp, daß sie die Zuhörer zum Zuhören (= Anschauen) verführen!

Sie werden nun mit Recht fragen, wie es zu dieser erschreckenden Bilanz unseres Zuhörvermögens kommt! Uns sind zwei Gründe bekannt, die dies verursachen:

1. Zum einen scheint es in der Kapazität unseres Kurzzeit-Gedächtnisses eine physiologische Sperre zu geben. Wir sind nur in der Lage, eine bestimmte Wortmenge, die ungefähr zwischen 10 bis 15 Wörtern liegt, bewußt aufzunehmen und für eine kurze Zeit vollständig „parat" zu haben. Die in den Kurzzeit-Speicher gelangten Informationen bleiben dort höchstens 30 Sekunden. Neu eintreffende Eindrücke verdrängen die alten, die entweder vergessen werden oder, wenn sie „bemerkenswert" waren, in das Langzeit-Gedächtnis abwandern. Dorthin gelangen jedoch nur Informationen, die Sie öfter gehört haben und/oder die in Bilder und Symbole verschlüsselt waren. Versuchen Sie erst gar nicht, Ihr Kurzzeit-Gedächtnis trainieren zu wollen, indem Sie das örtliche Telephon-Buch beispielsweise auswendig lernen. Das Gedächtnis ist kein Muskel! Um aus diesem Dilemma zwischen Zuhören-Wollen und Zuhören-Können herauszukommen, hilft es wahrscheinlich nur, entsprechende Techniken einzusetzen: Eselsbrücken bilden, aufschreiben, Merksysteme verwenden, „Was Du Dir merken willst, mußt Du gesehen haben"-Verhalten trainieren, öfter nachfragen. Denn die wahre Kunst des Gedächtnisses ist ein hoher Grad an Aufmerksamkeit!

Nicht nur bei Wörtern gibt es diese Aufnahme-Grenze, auch bei Zahlen! Hier gilt die 7 plus/minus 2-Regel: Erinnern Sie sich einmal daran, als Sie neulich eine Nummer aus dem Telephon-Buch holten, etwa 0421-494080, um eine ganz leichte auszuwählen, dann zum Telephon gingen und durch etwas abgelenkt wurden; Sie wollten dann wählen - und die Nummer war weg. Diese zehnstellige Zahl war zu lang und zudem nicht gegliedert in Dreier- oder Viererblöcke, gerade so, wie Sie sich Ihre Bankleitzahlen und Konten-Nummern merken.

2. Der andere Grund liegt in einer Zeitkonstanten von ca. 3 Sekunden in Verhalten und Wahrnehmung des Menschen! Für den Menschen dauert die Gegenwart bis zu drei Sekunden. Bis zu dieser Spanne kann er aufeinanderfolgende Sinneseindrücke (für uns: Gehörtes) noch zusammenhängend erfassen und zu einem einheitlichen Bewußtseinsinhalt verschmelzen, der als gegenwärtig - als das

„Jetzt" - empfunden wird. Ursprung und Bedeutung dieser universellen Zeitkonstante, die Wahrnehmung und Handeln des Menschen prägt, sind wissenschaftlich noch nicht endgültig geklärt. Man vermutet jedoch Zusammenhänge mit dem Sprachvermögen. Für den Menschen verläuft die Zeit also nicht gleichmäßig fließend, sondern sie rückt schrittweise voran, in „Portionen" bis zu drei Sekunden Dauer. Daß die menschliche Wahrnehmung über die Sinne auf diese „Zeitsprünge" abgestimmt ist, wies der Münchener Physiologe Prof. Ernst Pöppel schon vor rund 10 Jahren in seinen Experimenten nach, deren Ergebnisse lauten: Der Mensch nimmt seine Umwelt durch ein „Fenster der Gegenwart" wahr, das jeweils bis zu drei Sekunden offen steht.

Literatur:

Frankfurter Rundschau, Frankfurt/Main, „Nach 13 Wörtern ist Schluß", Bericht im Dezember 1985

Weser Kurier, Bremen, „Nach 13 Wörtern ist Ende", Bericht im November 1988

Die Lösung unseres „Hörspiels" lautet:

1	2	3	4	5	6
H	O	E	R	E	N

7	8	9	10	11	12	13	14	15
H	I	N	H	O	E	R	E	N

16	17	18	19	20	21	22	23
Z	U	H	O	E	R	E	N

Nicht Tatsachen,
sondern Meinungen über Tatsachen
bestimmen unser Leben und unsere Gedanken!

7. Der Mythos von der unterschwelligen Botschaft oder „Trinkt Coca-Cola und eßt Popcorn!"

Absicht des Kapitels:
- **Das moderne Märchen von der unterschwelligen Botschaft kennenlernen.**
- **Facts und Figures dazu erfahren.**
- **Diese Märchen von der unterschwelligen Botschaft nicht länger glauben!**

Es begann alles im Jahre 1957 mit einem Bericht von James Vicary, dem Besitzer einer New Yorker Werbeagentur, an die Presse, er habe in Fort Lee, New Yersey, während sechs Wochen ein faszinierendes Experiment durchgeführt! Und zwar habe er ohne Wissen des Publikums während der Filmvorführung alle fünf Sekunden Mini-Werbespots von einer dreitausendstel Sekunde Länge für Coca-Cola und Popcorn eingeblendet. Das Publikum, das diesen subliminalen (sub = unter, Limen = die Schwelle, lat.) Botschaften ausgesetzt war, habe daraufhin 18,1% mehr Cola und 57,7% mehr Popcorn verzehrt! Die Konsumenten waren geschockt von dieser Nachricht, von dieser „teuflischen Werbeform", von den „Geister-Anzeigen". Denn wenn das funktioniert, dachten viele (und denken vielleicht auch Sie heute noch?), sind doch für Konsumentenmanipulation und Politikertricks Tür und Tor geöffnet! Die Sage vom Cola-und-Popcorn-Test verbreitete sich weltweit wie eine Epidemie, und auch heute noch werden wir hin und wieder mit dieser Geschichte konfrontiert.

Vicary wurde in den Jahren 1957 und 1958 von allen Seiten bedrängt, diesen Versuch unter kontrollierten Bedingungen zu wiederholen oder zumindest den Originalversuch wissenschaftlich zu dokumentieren. Bis heute gibt es diese Dokumentation nicht, und zwei Demonstrationen von Vicary scheiterten damals entweder an technischen Problemen mit seinem Projektor oder daran, daß die Zuschauer nicht den unterschwellig befohlenen Aufforderungen nachkamen.

In einem weiteren Versuch blendete CBC (Canadian Broadcast Corporation) 1958 in seiner Prime-Time-Show „Close-up" 352mal die subliminale Botschaft ein: „phone now" (jetzt aı rufen). Keiner rief an! Als die Zuhörer raten sollten, welche Botschaft wohl eingeblendet war, schrieb ungefähr die Hälfte der reagierenden Zuhörer, sie hätten Hunger und Durst verspürt! (Na klar, es war ja Samstag, und man kannte den Vicary-Versuch!)

Von der populären Presse weniger beachtet, erklärte Vicary im Jahre 1962 in einem Interview mit der Zeitschrift „Advertising Age", sein Originalversuch sei eine reine Erfindung gewesen, um für ein Produkt neue Kunden zu gewinnen!

Ebenfalls demaskierte Horst W. Brand, Institut für Sozialpsychologie der Universität Köln, der sich speziell mit subliminalen Botschaften befaßt, 1978 in seinem Buch „Die Legende von den geheimen Verführern" den Vicary-Versuch als Scharlatanerie. Selbst das Kino, in dem der Versuch damals gelaufen sein sollte, existierte gar nicht!

Dennoch gab und gibt es bis heute diese Angst vor der geheimen Manipulation durch unterschwellige Bild- und Tonbotschaften.

- Denken Sie an die furchtbare Aufforderung, die Charles Manson aus dem Beatles-Song „Helter-Skelter" zu hören glaubte, bevor er und seine „family" Sharon Tate, Polanskis Ehefrau, und andere bestialisch umbrachten.

- Im Sommer 1990 stand in den USA die Rock-Gruppe „Judas Priest" im Verdacht, in ihre Songs die Aufforderung „Tu es!" subliminal verpackt zu haben, worauf sich zwei junge Männer umbrachten. Mit allen zur Verfügung stehenden technischen Ausrüstungen wurden die Songs untersucht - nichts wurde gefunden, die Gruppe freigesprochen.

- Haben Sie nicht auch selbst in Ihren „frühen Jahren" geglaubt, wenn man bestimmte Beatles-Songs aus dem „Weißen Album" oder „Abbey Road" (und dann erst die bildhaften Botschaften auf dem Cover der Platte!) rückwärts spiele, erhalte man geheime Botschaften!?

- Denken wir an die Versuche des Düsseldorfer Werbefachmannes Michael Schirner, der durch subliminal verstärkte Aktionen das Image von „Zimbo"-Würstchen anheben wollte.

- Haben Sie nicht auch gewußt, daß im Film „Who framed Roger Rabbit" eine weibliche Zeichentrickfigur so attraktiv und „offenherzig" zu Boden fiel, daß männlichen Zuschauern der Mund aufklappte? Alles aber natürlich subliminal und ultrakurz, so daß es die meistens von uns nicht sahen?

- Der amerikanische Unternehmer P. Tuthill in Grand Rapids berieselte seine Angestellten, die er vorher darüber informierte, mit Musik und eingestreuten subliminalen Arbeitsaufforderungen, die daraufhin ihre Arbeitsergebnisse noch verbesserten! Er mindestens schwört auf die Wirksamkeit dieser Botschaften!

- Und in den USA soll es sogar Kaufhäuser geben, so erzählt man sich voller Schaudern, die in ihre kaufrauscherzeugende „Muzak" (Bezeichnung für diese Art Musik) subliminale Botschaften „Ich will nicht stehlen!" einspielten, um damit Ladendiebe und kleptomanisch veranlagte Kunden abzuwehren!

Wir wollen hier aufhören, Ihnen weiterhin diese modernen Volksmärchen zu erzählen, obwohl sie so spannend und zum leichtfertigen Glauben geeignet sind. Denn alles, was so klingt, als könnte es wahr sein, kriecht uns wie ein Virus ins Gehirn, unsere „Festplatte". Lassen Sie uns aufräumen mit diesem weit verbreiteten und bisher weder bewiesenen noch nachweisbaren Glauben an subliminale Botschaften!

In den vergangenen Jahren gab es folgende Untersuchungen zum Thema „Wirksamkeit subliminaler Botschaften" und deren Wirksamkeit in den so beliebten New-Age-Selbsthilfekursen:

- Pratkanis, Eskenazi und Greenwald, 1990: Pratkanis beschreibt seinen Versuch wie folgt, und da seine Ausführungen unsere Thesen stützen, geben wir dieser Beschreibung ein wenig mehr Raum:

  „... wir verwendeten dabei im Handel erhältliche Tonbänder mit subliminalen Botschaften, die entweder das Selbstbewußtsein oder das Gedächtnis stärken sollten. Beide Arten von Tonbändern enthielten denselben supraliminalen Inhalt - verschiedene klassische Musikstücke. In ihrem subliminalen Inhalt dagegen unterschieden sie sich. Laut Hersteller enthielten die Bänder fürs Selbstbewußtsein subliminale Botschaften folgender Art: ‚Ich habe ein hohes Selbstwertgefühl und ein starkes Selbstbewußtsein.' Das Band zur Gedächtnisverbesserung enthielt unterschwellige Autosuggestion wie: ‚Meine Fähigkeit, etwas zu behalten und zu erinnern, nimmt täglich zu.'

Durch Plakate und Anzeigen in der Lokalpresse warben wir Freiwillige an, die besonders interessiert an Wert und Leistungsfähigkeit subliminaler Selbsthilfetherapien erschienen (und so wahrscheinlich zu den potentiellen Käufern solcher Bänder zählten).

Am ersten Tage unseres Versuches baten wir die Teilnehmer, je drei verschiedene Testaufgaben zu den Themen Selbstachtung und Gedächtnis zu erfüllen. Anschließend erhielten sie nach Zufallsprinzip das subliminale Tonband, jedoch mit einer kleinen Veränderung: Die Hälfte der Bänder hatten wir umbeschriftet, so daß mancher ein Gedächtnis-Band erhielt, aber glaubte, es sei dasjenige zur Stärkung des Selbstbewußtseins, und umgekehrt. (Die andere Hälfte der Teilnehmer erhielt die übrigen der Beschriftung gemäßen Bänder.)

Unsere Freiwilligen nahmen ihre Kassetten mit nach Hause und hörten sie fünf Wochen lang täglich (das ist der vom Hersteller für ein optimales Ergebnis vorgeschlagene Zeitraum). Während dieser Phase bemühten wir uns, alle Teilnehmer etwa einmal wöchentlich anzurufen, um sie an das tägliche Hören zu erinnern. Nur eine Handvoll der Testpersonen konnte den Versuch, der eine hohe Motivation und großes Interesse an subliminaler Therapie voraussetzte, nicht bis zu Ende führen. Nach fünf Wochen täglichen Hörens kamen alle ins Labor zurück, unterzogen sich erneut bestimmten Selbstbewußtseins- und Gedächtnistests und wurden nun gebeten zu sagen, ob sie die Kassetten für wirksam hielten.

Das Ergebnis: Die subliminalen Bänder erzielten keine Wirkung (Verbesserung oder Abnahme) in bezug auf Selbstbewußtsein oder Gedächtnis. Unsere Freiwilligen waren da anderer Meinung. Versuchspersonen, die meinten, ein Band fürs Selbstbewußtsein angehört zu haben (ganz gleich, ob das nun wirklich war oder nicht), tendierten zur Überzeugung, ihr Selbstbewußtsein habe zugenommen, und diejenigen, die glaubten, täglich ein Gedächtnis-Band gehört zu haben, neigten zu der Annahme, ihr Gedächtnis sei wirklich besser geworden. Die subliminalen Bänder taten nichts für eine meßbare Verbesserung von Selbstwertgefühl und Merkfähigkeit, doch einigen unserer Versuchspersonen schienen sie eine Wirkung zu haben: der typische Placebo-Effekt!"

– Greenwald, Spangenberg, Pratkanis und Eskenazi, 1991: *„Unsere Ergebnisse sind keine Zufallstreffer. Wir haben auch in diesen Versuchen die von den Herstellern versprochene Wirkung subliminaler Botschaften auf Bewußtsein und Verhalten noch immer nicht finden können. Wenn wir die Daten aller unserer Versuche zusammennehmen, können wir statistisch geringfügige Korrelationen entdecken. Doch bei weitem nicht genug für einen Nachweis subliminaler Effekte, wie ihn die Hersteller für ihre Produkte beanspruchen."*

– Audey, Mellett und Williams, 1991: In ihren drei Tests, über die sie in einem Vortrag „Self-improvement using subliminal self-help audiotapes: consumer benefit or consumer fraud?" im April 1991 auf einem Arbeitstreffen der Western Psychological Association in San Francisco berichteten, kommen auch sie zu dem Ergebnis, daß subliminale Bänder sich als wirkungslos erweisen.

- Russell, Rowe und Smouse, 1991: Sie kommen in der Untersuchung von subliminalen Bändern zum gleichen Ergebnis.
- Lenz, 1989: Er versucht, Polizeischüler in Los Angeles über lange Wochen mit Musikbändern, die subliminale Texte enthalten, in ihren Schießkünsten und in der Kenntnis der Gesetzestexte zu verbessern. Die Bänder verbesserten jedoch gar nichts!
- Merikle und Skanes, 1991: Sie untersuchten die Wirkung subliminaler Botschaften auf das Abnehm-Verhalten übergewichtiger Testpersonen. Gewichtsverluste wurden nicht erzielt!
- Eich und Hyman, 1991: In ihrem Beitrag „Subliminal self-help" kommen die Autoren zu dem zusammenfassenden Ergebnis, daß keine aller bisherigen Untersuchungen bestätigen konnte, was geschäftstüchtige Verkäufer subliminaler Bänder versprachen.

Also, liebe Leser, haben wir ein wenig aufgeräumt mit dieser Angst vor der subliminalen Beeinflussung? Wenn wirklich etwas daran wäre, hätte das ungeahnte Konsequenzen: In die Software eines jeden Computers ließen sich die ungeheuerlichsten Botschaften verpakken; in der Wahlwerbung der Parteien könnten Botschaften versteckt sein; in jeder Radio- und Fernsehwerbung würden wir unterschwellig manipuliert, was die offensichtlichen Verführungsstrategien von Werbung noch nicht ganz schaffen!

Nein, Schluß damit, wir glauben nicht daran, und bestimmt hätte längst ein unzufriedener Werbeprofi den Enthüllungsjournalismus zu einem Buch „Wie wir subliminal manipulieren" genutzt und viel Geld damit verdient, wenn an der ganzen Geschichte etwas dran wäre.

Literatur:

Pratkanis, A. R., Eskenazi, J., Greenwald, A. G., 1990, On Effectiveness of Subliminal Self-Help Audiotapes, Vortrag beim Arbeitstreffen der Western Psychological Association, Los Angeles

Greenwald, A. G., Spangenberg, E. R., Pratkanis, A. R., Eskenazi, J., 1991, Double-Blind Tests of Subliminal Self-Help Audiotapes, Psychological Science 2

Audey, B. C., Mellett, J. L., Williams, P. M., 1991, Self-Improving Using Subliminal Self-Help Audiotapes, Vortrag beim Arbeitstreffen der Western Psychological Association, San Francisco

Russell, T. G., Rowe, W., Smouse, A. D., 1991, Subliminal Self-Help Tapes and Academic Achievement, Journal of Counseling and Developement 69

Lenz, S., 1989, The Effect of Subliminal Auditory Stimuli on Academic Learning and Motor Skills Performance Among Police recruits, Dissertation an der California School of Professional Psychology, Los Angeles

Merikle, P., Skanes, H. E., 1991, Subliminal Self-Help Audiotapes: A Search for Placebo Effects, Manuskript, University of Waterloo, London, Ontario

Eich, E., Hyman, R., 1991, Subliminal Self Help, in: D. Druckman, R. A. Bjork (Hg.), In the Mind's Eye: Enhancing Human performance, National Academy Press, Washington D. C.

Brand, Horst W., 1991, in: Programmierte Verführung, Die Zeit vom 9.8.1991, Hamburg

Ein Intellektueller ist einer,
der mehr Wörter benutzt,
als er eigentlich braucht,
um mehr zu sagen,
als er weiß!

8. Theorien, Theorien, Theorien oder „Der mechanische Mensch" - regelbar, steuerbar, lenkbar

Absicht des Kapitels:

• Sie mit den gängigen Theorien der Sprecher-Hörer-Modelle vertraut machen.

• Die aktuelle Vier-Ohren-Theorie vorstellen.

• Zum kritischen Nachdenken animieren, ob diese Modelle die „richtige" und zeitgemäße Sehweise für unser Thema „Hören" sind.

Theorie: Sprecher und Hörer im Bühlerschen Organon-Modell

Sein der heutigen Sprachtheorie zugrundeliegendes Modell entwikkelte K. Bühler schon vor sechzig Jahren; er veröffentlichte es im Jahre 1934 in Jena. Die Funktionen der Sprache stellte er darin im Zusammenhang mit dem Kommunikationsprozeß dar und entwickelte ein Modell der „Dreistrahligen Funktion sprachlicher Zeichen". Als *Organon-Modell* ging es in die Theorie der Sprachgeschichte ein. Wir können es unbedenklich als Grundmuster aller weiteren, auch noch der heutigen Kommunikationsmodelle werten!

Bei seinem Modell griff er auf die Sprachdefinition des altgriechischen Philosophen Platon zurück, der die Sprache als organum (=Werkzeug) auffaßte, mit dem ein Mensch dem anderen Menschen etwas über die Dinge mitteilen kann.

50

Sender (Sprecher), Empfänger (Hörer) und Gegenstände / Sachverhalte (die Wirklichkeit) setzte er in dem Modell in Relation. Ferner unterschied er schon damals drei Aspekte der Sprache, die wir in späteren Modellen weiterentwickelt wiederfinden werden:

- die **Darstellungsfunktion** der Sprache, die Wirklichkeit, Sachverhalte und Beziehungen darstellt und es uns ermöglicht, Kenntnisse und Wissen darzulegen, Probleme zu formulieren und Erkenntnisse festzuhalten;

- die **Ausdrucksfunktion**; sie dient der Mitteilung von eigenen Gefühlen, Eindrücken, Überzeugungen an andere Menschen und auch der Stimulierung von Gefühlen beim Gesprächspartner;

- und die **Appellfunktion**, die Voraussetzung dafür ist, daß man mit anderen Menschen soziale Kontakte aufnehmen, sie werben, überreden, überzeugen, ihnen befehlen und sie zu einem bestimmten Verhalten veranlassen kann.

Eine jede der drei Funktionen kann jeweils in der bestimmten Situation dominieren. Das hängt davon ab, was der Sprecher beabsichtigt, was der Hörer will oder was in der Darstellungsfunktion dominierend in den Vordergrund rückt.

Das Organon-Modell von Bühler läßt sich wie folgt schematisch darstellen:

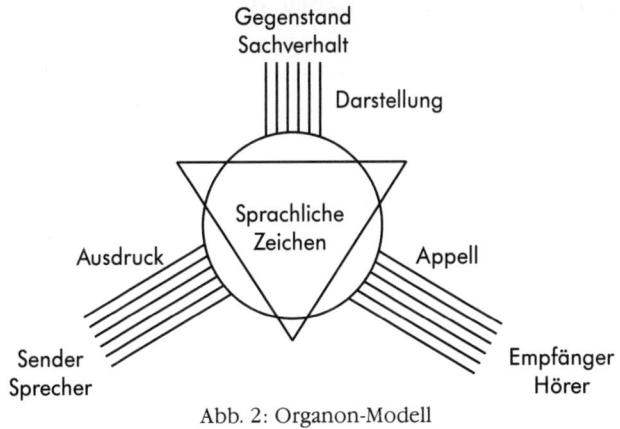

Abb. 2: Organon-Modell

In jedem Rhetorik-Seminar wird heute dieses einleuchtende Modell modifiziert und, mit folgenden Leitsätzen versehen, dargestellt:

- Sprecher und Hörer steuern sich gegenseitig; oder wie unsere Großeltern sagten: „Wie ich in den Wald hineinrufe, so schallt es heraus."

- Kein Sprechen geschieht ohne begleitende Gefühle, sowohl beim Sprecher als auch beim Hörer.

- Gespräche haben in den meisten Fällen eine Sachebene und eine Beziehungsebene.

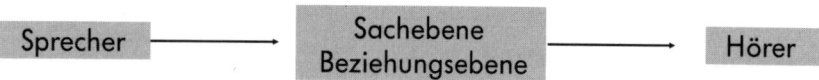

Beispiel:

Person A sagt zu Person B: „Was Sie vorschlagen, ist viel zu teuer und auch unglaubwürdig!" - Auf der Sachebene wird gesagt „zu teuer" und auf der Beziehungsebene „Ich glaube Ihnen nicht!".

Dieses statische Modell bekommt ein wenig mehr Bewegung, wenn wir uns vorstellen, wie der Hörer anschließend zum Sprecher („Antwortenden") wird und der Sprecher seinerseits zum Zuhörer. Der Ablauf ändert sich, wie es das nächste Bild und Beispiel zeigen:

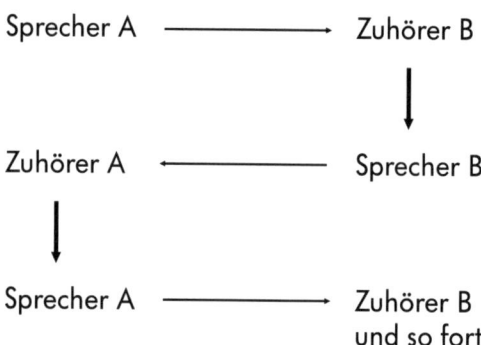

Beispiel:

Person A zu Person B: „Das ist doch viel zu teuer und auch unglaubwürdig!"

Person B antwortet Person A: „Dieser Preis stimmt, das können Sie mir ruhig glauben!"

Person A wieder zu Person B: „Das kann ich mir beim besten Willen nicht vorstellen!"

Und so fort ...

Das Gespräch zwischen zwei Menschen jedoch läuft selten so quadratisch und geradlinig ab, wie oben gezeigt. Häufig, und zwar allzu häufig, gelingt es dem Sprecher nicht, das, was er meint, so „hinüberzubringen", daß der Zuhörer es auch richtig interpretiert. Oder umgekehrt: Der Zuhörer interpretiert häufig das Gesagte ganz anders, als es gemeint war!

Graphisch läßt sich das wie folgt dokumentieren:

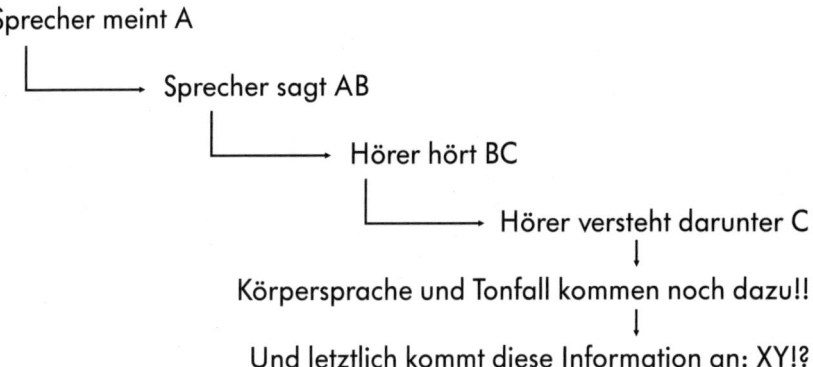

Sprecher meint A

Sprecher sagt AB

Hörer hört BC

Hörer versteht darunter C

Körpersprache und Tonfall kommen noch dazu!!

Und letztlich kommt diese Information an: XY!?

Beispiel:

Person A denkt sich: „Du bist ein verdammter Lügner!"
Person A sagt aber: „Du hast Probleme mit der Realität!"
Person B hört: „Ich habe Probleme?"
Person B hört daraus, sie hätte Probleme ganz allgemein im Leben, und antwortet daher: „Ich hab' doch keine Probleme!"

Mit dieser Darstellung haben wir rein mechanistisch erklärt, warum und welcher Verzerrungswinkel zwischen dem, was gemeint ist, und dem, was letztlich „herausgehört" wird, entstehen kann.

Einleuchtend, schrecklich vereinfachend, eben eines der kommunikationswissenschaftlichen Modelle!

Noch ein letztes Sender-Empfänger-Modell: das Modell des sogenannten „Rhetorischen Schmetterlings", auch genannt das „Ja, aber-Syndrom":

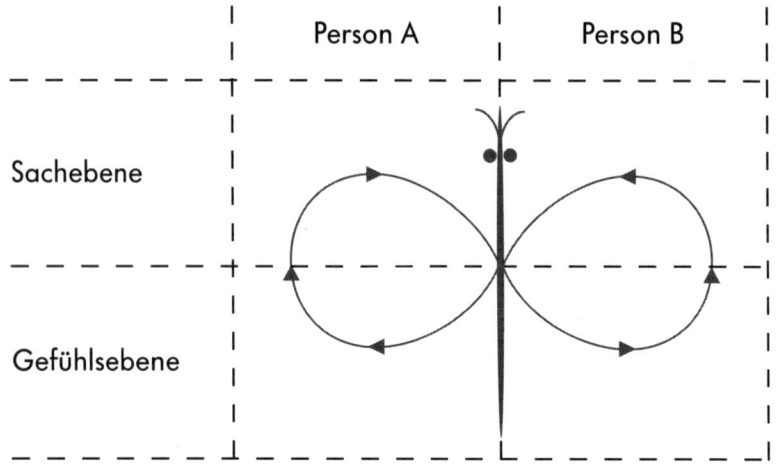

Abb. 3: Rhetorischer Schmetterling

Dieses Modell, auch wieder ohne den Kontext von Zeit und Raum, soll folgendes beschreiben:

Alles, was eine Person A auf der Sachebene sagt, geht bei Person B, obwohl nicht gewünscht, zunächst in die Gefühlsebene. Danach erst setzt das Denken ein, und auf der Sachebene antwortet Person B. Die Antwort trifft Person A wiederum zunächst in der Gefühlsebene, bevor sie sachlich, höflich der Person B antwortet. Und da dies häufig mit dem kennzeichnenden Kürzel „Ja, aber ..." vonstatten geht, kann es vorkommen, daß ein derartiges Gespräch zeitweilig auf der Stelle tritt, der „Rhetorische Schmetterling" fliegt, wie unsere Graphik zeigt.

Beispiel:

Person A sagt zu Person B: „Wenn Sie die neuesten Zahlen verwendet hätten, wären Sie nicht zu diesem komischen Ergebnis gekommen!" - Sie sagt es „quasi" sachlich!

Dieser Satz schlägt bei Person B zunächst, für Person A unmerklich, unter der Gürtellinie ein; sie denkt: „Ausgerechnet dieser Dummkopf muß mich nach den neuesten Zahlen fragen, wo er doch selbst meist auf dem Stand von vorgestern ist!" Jedoch „quasi" sachlich antwortet sie: „Ja, aber nun machen Sie sich mal keine Sorgen, lieber Freund; ich habe meine Zahlen direkt vom Vorstand!"

Das trifft Person A hart im Gefühlsbereich, und sie denkt bei sich: „So ein aufgeblasener Ochsenfrosch! Jetzt muß er sich auch noch hinter dem Vorstand verstecken; immer dieser Kerl mit seinem name-dropping." Dann setzt wieder das sachliche Denken ein, und er entgegnet: „Ja, das mag ja alles sein, aber diese Zahlen nehme ich Ihnen nicht ab!"

Und so mag das Gespräch weitergehen; inhaltlich jedoch tritt es auf der Stelle und ist schließlich nichts mehr als ein Machtkampf und eine Art „akustische Umweltverschmutzung".

Wertendes Fazit:

Bühlers Modell ist unbestritten Grundlage aller heutigen Sprachfunktions-Modelle.

Aber es ist ein statisches Modell, das in keiner Weise die physiologischen Einflüsse auf den Menschen berücksichtigt, auch Zeit und Raum sind ausgespart. Isoliert von der Umwelt und geradezu mechanisch funktioniert hier der Mensch. Dennoch - es ist das Basismodell unserer heutigen Theorie!

Theorie: Der aktiv hörende Mensch nach Lyman K. Steil

Im Jahr 1983 veröffentlicht Steil zusammen mit Joanne Summerfield und George de Mare das weltweit verbreitete und bei vielen Menschen ein Zuhör-Bewußtsein auslösende Buch „Listening. It can change your life", in dessen Mittelpunkt die langjährige Forschungsarbeit von Steil über Kommunikation und Zuhören ebenso steht wie die Ergebnisse von 25 ausführlichen Interviews, die Joanne Summerfield mit Persönlichkeiten aus Forschung und Technik führte.

Zahlreiche Begriffe, unter anderem der Terminus „aktives Zuhören" und der erste Zuhör-Test „Erstellen Sie Ihr persönliches Zuhör-Profil!" finden nach der Buchveröffentlichung Eingang in Industrie, Handel und Dienstleistung.

Die Firma „Sperry" erkennt schon im Jahre 1982, kurz vor der Bucherscheinung, den Werbewert des Zuhörens. „Wir wissen, wie wichtig Zuhören ist!" - dieses Motto der Sperry Corporation bringt eine grundlegende Unternehmensphilosophie zum Ausdruck und ist von entscheidender Bedeutung für alle ihre Aktivitäten.

Bereits vor der Entwicklung seiner „Listening-Kampagne" für sein Verkaufspersonal und deren Kunden hat Sperry richtiges Zuhören und Reagieren im Rahmen von Weiterbildungskursen für Mitarbeiter, in Management-Konferenzen und kleineren Gruppengesprächen sowie bei Diskussionen am runden Tisch und im Zusammenhang mit anderen Programmen gefördert.

(Nur nebenbei gefragt: Welches deutsche Unternehmen beginnt endlich seine häufig ineffektiven Rhetorik- und Verkaufstrick-Seminare durch Zuhör-Seminare zu ersetzen oder zu ergänzen? Wir haben in den letzten 10 Jahren außer unseren eigenen Veranstaltungen keine derartigen Seminare entdecken können!)

Zurück zum „aktiven Zuhören"! Die Forschungsergebnisse von Steil seit Ende der zwanziger Jahre zeigten, daß der Mensch etwa 70 - 80% seines wachen Lebens mit Kommunikation und etwa die Hälfte davon, nämlich 45%, mit Zuhören verbringt - im Vergleich zu 30% Sprechen, 16% Lesen und 9% Schreiben. Zuhören, werden Sie wissen, gibt es in keinem Lehrplan *(Leerplan)* einer deutschen Schule, geschweige denn Hochschule. Aber das vergleichsweise weniger benutzte Schreiben und Lesen füllt fast den gesamten Stundenplan aus.

Es scheint fast so, als habe man angenommen, Zuhören sei keine erlernbare und lehrbare Fähigkeit, sondern eine angeborene, die keine Übung erfordere! Und so läßt sich ohne Übertreibung sagen, daß die Menschheit im allgemeinen nicht weiß, wie man zuhört! Alle Menschen hören zwar, manchmal hören sie sogar hin, aber - *sie hören nicht zu!*

Eugene Raudsepp, der Präsident der „Princeton Creative Research" aus New Yersey, erzählt die geradezu parabelhafte Geschichte eines Zoologen, der nachts eine vom Verkehrslärm erfüllte Straße entlang geht. Er sagt zu seinem mitgehenden Freund: „Hör doch mal, eine Grille!" Der Freund sieht ihn erstaunt an: „Bei dem Krach hörst Du eine Grille?" Worauf der Zoologe eine Münze aus der Tasche holt, sie hoch in die Luft wirft und auf den Fußweg klirren läßt. Mindestens ein Dutzend Passanten dreht sich daraufhin um, und er sagt: *„Wir hören, was wir hören wollen!"*

Wie aber erreichen wir ein anderes Zuhören? Lassen Sie uns mit dem Modell über das Zuhören beginnen, das Professor Steil entworfen und *WIBR-Modell* genannt hat; es ist die Grundlage des *aktiven Zuhörens!*

Zuhören			Antworten
Wahrnehmung →	Interpretation →	Bewertung →	Reaktion

In dieser Reihenfolge läuft der Zuhörvorgang zunächst *in uns* ab, bevor wir mit der Reaktion (Antwort) *aus uns* herausgehen, eine Äußerung machen.

Im einzelnen wollen wir Ihnen diesen komplexen Vorgang in seinen vier Schritten ein wenig näher zu bringen versuchen. Es kann wirklich nur ein Versuch sein, da auch wissenschaftlich noch nicht endgültig geklärt ist, wie wir wahrnehmen, wie wir interpretieren, wie wir bewerten und mit Sprache das Vorgedachte letztendlich äußern.

Wahrnehmung

Auf dieser Basisstufe des Zuhörvorganges, der Wahr-Nehmung, darf es kein Versagen geben, da das unweigerlich zu Fehlreaktionen auf allen weiteren Stufen führen würde!

Steil schreibt in seinem grundlegenden Werk zu dieser Aktivität: *„Natürlich ist das Wahrnehmungselement des Zuhörens im Trubel der Welt und dem Nebeneinander unterschiedlicher Kulturen hochgradig selektiv geworden (selektiv = auswählend; selektives Zuhören = auswählendes, unterscheidendes Zuhören, Anm. d. A.). Wir können ohne diese Selektion niemals den Ansturm der gesamten menschlichen Kommunikation überstehen, geschweige denn, die Bedeutung aller Geräusche unserer Umgebung verarbeiten. Dieser erste und grundlegende Baustein des Zuhörens ist auf mehrere Arten selektiv:*

- *Zum ersten unterscheiden wir natürlich nur bestimmte Frequenzen und Tonarten.*

- *Zum zweiten lernen wir schnell, menschliche Geräusche herauszufinden, und darunter wiederum jene, von denen uns unsere*

Sinne sagen, daß es sich um verstehbare Geräusche handelt, die in unserer Kultur als wichtige Bedeutungsträger gelten.

* *Zum dritten erfühlen wir grundlegende Beziehungen und Bedürfnisse. Eine Mutter erkennt den Schrei ihres eigenen Babys aus dem Geschrei aller anderen heraus! Auch was die Stimme des geliebten Menschen an unserer Seite betrifft, ist man ungewöhnlich feinfühlig.*

* *Und viertens wird unser selektives Hören vor allem von unseren Interessen geprägt - von unserem Kulturverständnis, unserem Lebensstil, unserer Karriere."*

Gerade starkes Eigeninteresse und Gefühle gegenüber Menschen und Dingen können die Wahrnehmung stark und auch übertrieben beeinflussen. Sie wollen hierfür Beispiele haben? Hier sind sie:

Ein Mann kommt in Gedanken versunken und noch geschafft vom „Krieg im Betrieb" nach Hause. Er läßt sich auf seinen Platz fallen, auf dem er seit 20 Jahren jeden Abend sitzt, und glaubt wahrgenommen zu haben, daß seine Frau etwas zu ihm sagte. Höflich und unbeteiligt sagt er wie immer: „Ach ja, interessant; mach mal!" Nur - heute sagte sie: „Ich habe die Scheidung eingereicht!" Routine im Alltag, vermutetes Vorwissen über das, was jemand sagen will, „abgenutzte" Gefühle - all das blockiert unsere Wahrnehmung!

Je geringer unser Interesse an etwas ist, mit um so größerer Wahrscheinlichkeit geht beim Wahrnehmen etwas schief! Apropos „schief": Beiläufig hören Sie mittags in der Kantine am Nebentisch ein Gespräch mit; und Sie rätseln, weil Sie nur ganz wenige Worte mitbekamen, was Sie denn da wahrnahmen: schief-liegend? Ski-fliegend? Schiff liegend?

Sie werden es nie erfahren, wenn Sie nicht den vollen Kontext des Gespräches nachfragen; aber dann müßten Sie ja sagen, daß Sie gelauscht haben!

In diesem Zusammenhang „erfindet" Steil den Terminus „Ablenkungskegel", mit dem bildhaft die folgende Tatsache umschrieben wird: Je mehr Ablenkungen in meiner Nähe vorhanden sind (Maschinenlärm, läutende Telephone, Verkehrslärm, ständiger Besucherstrom und andere Irritationen) und je weiter entfernt ich mich selbst von der sprechenden Person befinde, um so größer ist die Wahrscheinlichkeit, daß wir nicht korrekt oder überhaupt nichts wahrnehmen.

Ähnliches kann uns widerfahren, wenn wir emotional oder intellektuell zu sehr voreingenommen sind. Soll heißen, als Zuhörer neigen wir dazu, uns voreilig und besserwisserisch auf das „hohe Roß" des Beurteilers zu setzen. Denn: Weil das Denken so schwer ist, ziehen viele es vor, zu urteilen!

Ein Beispiel gefällig? Sie stehen in einer Runde mit „alt-gedienten" Luft- und Raumfahrt-Ingenieuren zusammen und berichten denen, was C. G. Jung über „UFOs als kollektive Wahrnehmungsphänomene in kritischen Zeiten" schrieb. Mit an Sicherheit grenzender Wahrscheinlichkeit werden Sie nun ein Kolleg darüber hören, daß UFOs technisch gar nicht machbar und sowieso nur als Wetterphänomene erklärbar sind! Hier trifft Psychologie auf „Aluminium und Leichtbauweisen", hier treffen zwei unterschiedliche Argumentationswelten aufeinander, die sich von vornherein aversiv begegnen!

Noch ein Beispiel: Was auch immer Stefan Heym als Alterspräsident des Deutschen Bundestages in seiner Rede zur Parlamentseröffnung 1994 an versöhnlichen und demokratischen Worten sagte - es wurde nicht gehört von Teilen des „Hohen Hauses", denen qua Fraktionszwang verordnet worden war, mit „versteinerten Mienen" einfach nur anwesend zu sein! *Wir beschließen, was wir hören wollen; und wir hören nur das, was auf der richtigen politischen Ebene liegt!*

Und zum Abschluß dieser ersten Stufe lassen Sie uns noch einmal Steil hören: *„In unserer materiell orientierten Gesellschaft möchten viele von uns die ersten drei Phasen des Zuhörens im Kommunika-*

tionsprozeß überspringen. Wer aber auf der ersten Stufe schon versagt, dem Wahrnehmen, der versagt auf anderen Stufen ebenfalls, und wenn wir eine der Zwischenstufen auslassen, wie es häufig geschieht, dann wird unsere Reaktion bedeutungslos oder unangemessen sein."

Unser Rezept gegen falsche Wahrnehmung ist:

• *Erkennen und beseitigen Sie rechtzeitig Wahrnehmungs- „Killer" und jede Art von störenden Einflüssen!*

• *Achten Sie auf „günstige" Sitzgelegenheit im Raum und optimale Nähe zur sprechenden Person!*

• *Lassen Sie sich nicht zu sehr von der Person irritieren, sondern achten Sie vielmehr auf das, was sie Ihnen mitteilt.*

• *Fragen Sie nach: „Habe ich richtig verstanden?"*

• *Hören Sie auch den Leuten genau zu, die Sie gut zu kennen glauben.*

• *Können Sie wenigstens einen einzigen Satz im Wortlaut exakt wiedergeben, den Sie eben in den Nachrichten gehört haben? Üben Sie es!*

Interpretieren

Interpretieren, so sagt Prof. Steil, ist die geheimnisvollste, am schwierigsten erlernbare und erstaunlichste Fähigkeit beim Zuhören! Wir verstehen bis heute noch nicht, wie dieser Prozeß des Interpretierens, des Zuordnens, des Verstehens vonstatten geht.

Und John C. Eccles äußert im Gespräch mit Karl R. Popper (in „Das Ich und sein Gehirn", S. 510) zum Thema: *„..., daß wir nie mit eindeutigen Verhältnissen konfrontiert sind, mit keinen vergangenen Erfahrungen, keinem vergangenen Verstehen, auf dessen Grund eine frische Menge Sinnesdaten (= Wahrnehmungen, Anm. d. A.) zu interpretieren wäre ... Ich räume ein, daß die Interpretationen auf all unserem Wissen, angeborenem und erlerntem, aufgebaut werden, doch andererseits meine ich, daß wir sagen müssen, daß wir*

in jedem einzelnen Fall die ganze Zeit auf der Basis des ungeheu-
ren Informationsinputs von unseren Sinnesorganen handeln - in-
dem wir ihn interpretieren, verwerfen, modifizieren und korrelie-
ren. Ich muß unverzüglich feststellen, daß all dies von einem Ge-
hirn abhängt, das die gesamten wundervoll subtilen Mittel sensori-
scher Interpretation aus der Vergangenheit gelernt hat."

„Worte enthalten Wertungen und Bedeutungen", sagt die Sprachtheorie! Lassen Sie uns einmal nachdenken, wieviel Sätze mit den
Wörtern unserer Sprache gesprochen werden können und wie viele
Bedeutungen je nach Betonung der einzelnen Wörter möglich wären! Sie werden erschrecken über die Vielzahl der Kombinations-
möglichkeiten!

Für die Mathematiker unter Ihnen ist diese Aufgabe, die den Sachverhalt in Zahlen ausdrückt, gedacht: Unsere Umgangssprache ver-
fügt über ca. 160.000 Wörter; mit diesen unterschiedlichen Wörtern
bilden wir nun alle möglichen Sätze, die 6 Wörter enthalten. Nun
rechnen Sie mal entsprechend den Regeln der Kombinatorik aus,
wieviel mal Sie mit 160.000 Wörtern Gruppen von 6 Wörtern bilden
können?!? Können Sie diese Zahl überhaupt noch aussprechen?

Und dann kommt noch dazu, daß Sie die Wörter unterschiedlich be-
tonen könnten! Probieren Sie das einmal mit dem Satz aus: „Was
willst Du schon wieder?"

Möglichkeiten:
Was willst Du schon wieder?
Was **willst** Du schon wieder?
Was willst **Du** schon wieder?
Was willst Du **schon** wieder?
Was willst Du schon **wieder?**

Wir brauchten wohl, um alle Sätze, die mit dem Wortmaterial von
160.000 Wörtern in Kombination von 6er-Gruppen, mit allen möglichen Betonungen zu sprechen, an die Millionen Jahre!

Steil empfiehlt in seinem Modell als Lösung: „... *weil jeder von uns in gewissem Maße in seiner eigenen Welt lebt und es wenig Ereignisse und Dinge gibt, die für alle genau das gleiche bedeuten, bei jeder Interpretation also den Hintergrund, die Vorurteile und Ansichten des anderen, wie auch unsere eigenen, in Rechnung zu stellen. Wir müssen die Unterschiede ausmachen zwischen Tatsachen, Schlußfolgerungen und Meinungen und oft auch Gefühle und Werturteile berücksichtigen, die Gesellschaft und Beruf uns auferlegen.*"

Da können wir nur sagen: Wenn das so einfach wäre!

Um die vorangegangenen theoretischen Ausführungen ein wenig mit Leben zu füllen, sind hier einige charakteristische Beispiele von Mißverständnissen und Mißdeutungen:

Der Altmeister des Spieles mit der gewollten Fehlinterpretation, Loriot, hält uns gar humorvoll den Spiegel vor:

Er: „Wie lange hat das Ei denn gekocht ...?"
Sie: „Zu viele Eier sind gar nicht gesund ...!"

Wir können nur vermuten, was die gefragte Ehefrau bei diesem aktiven Hörvorgang wahrgenommen und interpretiert hat; aber Frage und Antwort passen nicht zusammen, wodurch das Konfliktpotential dieses Gespräches über das Frühstücksei noch weiter anwächst:

Er: „Ich meine, wie lange *dieses* Ei gekocht hat ...?"
Sie: „Du willst es doch immer viereinhalb Minuten haben ...?"

Auch hier erscheint die Antwort der „verhörten" Ehefrau aus taktischen Gründen mißinterpretiert. Statt zu sagen: „Dieses Ei habe ich nach Gefühl viereinhalb Minuten lang kochen lassen", fehlinterpretiert sie wahrscheinlich, daß ihr eine derartige Äußerung nur Ärger einbringen werde. Aber wie wir wissen, führt der Wunsch nach Vermeidung eines Konfliktes häufig erst zum Konflikt! Wie wir im Verlauf dieses Gespräches noch erfahren mußten!

Ein weit folgenschwereres Mißinterpretieren von akustischen Wahrnehmungen mußten wir bei dem Crash zweier Boeing 747 im Jahr

1977 auf Teneriffa erleben. Dieser Zusammenstoß kostete beinahe 600 Menschen das Leben und führte zu Schadensersatzklagen von über hundert Millionen Dollar.

Der offizielle Untersuchungsbericht ergab: Die Hauptursache für den Unfall war die Tatsache, daß der KLM-Kapitän (1.) ohne Erlaubnis startete, (2.) die Anweisung, „Warten Sie auf Freigabe", des Kontrollturmes nicht befolgte oder falsch interpretierte und (3.) den Start nicht abbrach, als er hörte, daß sich die Pan Am noch auf der Startbahn befand.

Wieviele „1000-Dollar-Mißverständnisse" in der Wirtschaft, in Handel und Dienstleistung sich im Laufe nur eines Bilanzjahres zu einer unvorstellbaren Summe addieren, weil innerbetriebliche Fehlinterpretationen und vieldeutig gegebene Managementanordnungen sie verursachten, ist noch nicht berechnet worden; mit Sicherheit wäre das Ergebnis erschreckend!

Unsere Empfehlungen gegen falsches Interpretieren lauten:

Bedenken Sie im Gespräch:
Ihr Erfahrungshintergrund ist nie der des anderen!
Sie haben einen anderen Sprachschatz und andere Kenntnisse als Ihr Gegenüber.
Sie haben einen anderen ideologischen Hintergrund bei der Interpretation verwendeter Begriffe!
Was ist der zentrale Gedanke des Gehörten?
Fragen Sie häufiger mal nach: „Verstehe ich Sie richtig, wenn Sie sagen ..., meinen Sie ...?"

Bewerten

Die pädagogische Literatur berichtet von einem aufschlußreichen Experiment, und auch Steil, den wir hier zitieren, übernimmt es als Beleg für seine Thesen zum Bewerten von Gehörtem. Erinnern wir uns: Unsere Wertvorstellungen werden von unserer Kultur und den vielfältigen Erfahrungen geprägt, die wir im Verlaufe unseres bisherigen Lebens gemacht haben!

Das Experiment:

„Zwei Lehrer haben zwei Schülergruppen zu unterrichten. Dem einen Lehrer wurde gesagt, daß seine Klasse aus begabten Kindern bestehe, dem anderen, daß es sich bei seiner Klasse um leicht zurückgebliebene Kinder handle. Die Erwartungen und Annahmen der Lehrer schlugen deutlich nicht nur auf die Noten durch, die die Lehrer vergaben, sondern auch auf die Leistungen der Kinder. Die als begabt charakterisierten Kinder schnitten sehr gut ab und übertrafen - wohl wegen der höheren Erwartungen der Lehrer - meist sogar ihr normales Leistungsniveau. Die als leicht zurückgeblieben geltenden Kinder schnitten schlecht und weit unter ihrem sonstigen Leistungsniveau ab. Nicht die Integrität der Lehrer stand also hier in Frage, sondern ihre Erwartungen und Werturteile. Häufig also ist es diese Komponente des Zuhörens, die zu Selektivität und manchmal auch zu Verzerrungen führt!"

Unsere Bewertung hängt auch ganz stark davon ab, wie etwas präsentiert wird. Denken Sie doch einmal daran, wie Sie in Ihrer Parfümerie Ihr letztes After-Shave oder Eau de Toilette kauften! Die Verpackung des „Wässerchens" war beinahe kostspieliger als der Inhalt des schließlich zum Vorschein gekommenen kleinen Fläschchens. *Je simpler der Inhalt, um so exklusiver die Verpackung!*

Wir bewerten Gehörtes höher und besser, wenn es von kompetenten Leuten gesagt wird: Die Zahnbürste wird von Dr. Blendax präsentiert, und nicht irgendein Willi Meier bringt uns ihre Vorteile durch hydraulisch versenkbare Borsten zu Gehör!

In der fachmedizinischen Werbung für Contergan wurde versprochen und geglaubt, daß die Einnahme wie auf Wolken schlafen ließe. Und die schrecklichen Folgen?

An Ihrer Tür klingelt es und ein punkiges Wesen mit einer Plastiktüte von UGLY preist Ihnen eine phantastische Lebensversicherung an! Auch hier wird wahrscheinlich die äußere Erscheinung der Person Ihr Wertesystem auf eine harte Probe stellen und Sie von einer Unterschrift Abstand nehmen lassen.

Unser Rezept gegen falsches Bewerten kann nur sein:

- *Werden Sie sich mit Hilfe von Freunden und Familie klar, was in Ihrem „inneren Drehbuch" steht und wer es geschrieben hat.*
- *Bewerten Sie zunächst einmal Ihre eigenen Aussagen!*
- *Nach welcher Vorurteilsstruktur leben Sie ?*
- *Hören Sie erst einmal **ganz** zu, bevor Sie ein Urteil fällen.*
- *Versuchen Sie genau zu unterscheiden, ob es sich beim Gehörten um Fakten (nachprüfbar, beweisbar, meßbar) oder um Ansichten, Einstellungen und Meinungen (Jeder hat ein Anrecht auf seine eigene Meinung.) handelt. Watzlawick unterscheidet diesen Problemkomplex in Realitäten 1. Ordnung (= Fakten) und Realitäten 2. Ordnung (= Meinungen über Fakten).*
- *Bewerten Sie erst einmal Ihre eigenen Ansichten, bevor Sie andere bewerten, oder mit Shakespeare: „Who sits in glasshouses should not throw stones!" Alles klar?*

Reagieren, Antworten

Nicht umsonst heißt es auf vielen kleinen Büro-Ikonen (= Kopien, die demonstrativ an die Wand gepinnt werden): Before acting mouth ensure brain! (Vor dem Mundöffnen Gehirn einschalten.) Lassen Sie uns sagen: „Vor dem Reagieren Gehirn einschalten."

Ein Beispiel zu dem, was wir meinen:

In vielen unserer Seminare passierte folgendes: Auf meine Ankündigung hin „In zehn Minuten machen wir die nächste Pause!", steht sofort die Hälfte der Teilnehmer (unter uns: alles Raucher!) auf und will den Raum verlassen! Das heißt: sofortige Reaktion ohne Berücksichtigung der ersten drei Stufen des Steilschen Zuhörprozesses.

Steil beschreibt es so: *„Wir sind eine handlungsorientierte Gesellschaft und tendieren dazu, vor allem durch Aktion zu reagieren. Beim Zuhören neigen wir dazu, einige der ersten Schritte auszulassen, um gleich zu der unseres Erachtens erforderlichen Handlung überzugehen.*

Tatsächlich hören wir nicht einmal, was gesagt wird, weil uns der Zweck des Gespräches klar scheint und wir schon über die Art des Reagierens nachdenken.

Oder wir mißverstehen, was man uns sagt, weil wir die Worte zwar gehört haben, sie aber im Sinne einer vorgefaßten Vorstellung über die später notwendige Handlung falsch interpretiert haben.

Es ist sogar möglich, daß unsere Bewertung über das vermeintlich Gesagte ins Leere geht, weil wir schon im voraus beschlossen haben, wie unsere Antwort sein sollte."

Unser Rezept für ein angemessenes Reagieren ist:

- *Werden Sie sich zunächst einmal darüber klar, ob überhaupt und wenn, dann welche Reaktion von Ihnen erwartet wird! Schweigendes Zustimmen, Ablehnen oder neutral sein, allein durch Körpersprache ausgedrückt? Oder sofortige sprachliche Reaktion? Oder gar eine Handlung?*

- *Durch sprachliche „Ur-Laute" (mh, oh, ih, mmm oder andere) und körpersprachliche Zeichen schon während der Ausführungen eines Sprechers vor-reagieren!*

- *Erst zuhören (= wahrnehmen, interpretieren, bewerten), dann reagieren!*

Ein kurzes Fazit zu dem Steilschen WIBR-Modell:

Es ist ganz sicher als ein ex-post Diagnoseinstrument zu verwenden, und wer ein „kontrollierter" Zuhörer ist, kann es auch in aktuellen Situationen versuchen einzusetzen.

Wir würden uns jedoch wünschen, er hätte auch ein wenig die Ursachen des „Nicht-mehr-Zuhören-Könnens" in Betracht gezogen. Ist das eine Folge der Entwicklung des Individuums ganz allgemein? Denken Sie nur an den alltäglichen Egoismus, das Fehlen jeglicher normativer Selbstverständlichkeiten, die Unfähigkeit, den anderen als ebenbürtigen Menschen wahrzunehmen, oder geradezu autistische Industrie-Schauspielerei.

Erst nach Erreichen einer gewissen individuellen Entwicklungsstufe ist wahrscheinlich der einzelne dann wieder so sehr zum Zuhören fähig, daß ihn mehr die Nöte des anderen interessieren als seine eigenen, dann klein gewordenen.

Ein Thema, das noch zu bedenken wäre und noch nicht bearbeitet wurde: Werden wir eines Tages in einer „neuen" Gesellschaft wieder einander so zuhören können, daß wir von einem „Miteinander" sprechen können? Wird das wohl eine Gesellschaft sein, in der uns Computer nicht mehr „taub" machen für die Belange des Mitmenschen?

Theorie: Der Mensch mit den vier Ohren (Watzlawick, Schulz von Thun u.a.)

Es ist wirklich der Mühe wert, wenn Sie überhaupt eine Theorie des Zuhörens „auf Ihrer Festplatte speichern wollen", sich mit der Vier-Ohren-Theorie zu befassen!

Mit dem Erscheinen der Bücher „Menschliche Kommunikation" von Paul Watzlawick und anderen im Jahr 1967 und „Miteinander reden - Störungen und Klärungen" seines Epigonen Fr. Schulz von Thun im Jahr 1981 verbreiteten sich die vorgestellten Modelle geradezu epidemisch zunächst unter dem Fachpublikum (Psychologen, Trainer und Lehrer), dann aber auch als Folge von deren Berufsaktivitäten unter den verständigen Laien. Modelle, die so faszinierend sind für eine heterogene Klientel - Industrie-Management, Verkaufsrhetoriker, Therapeuten jedweder Provenienz -, sind kreative Neuschöpfungen und dürfen keineswegs „Geheimwaffen" der Therapie bleiben, sondern gehören bis zum Auftauchen der nächsten Theorie auch in die Hände eines breiten Publikums. Wie es auch geschah!

Bei den Untersuchungen und Arbeiten zu einer gelungenen Kommunikation zwischen Sprecher und Hörer (Sie erinnern sich noch an das Bühlersche Modell, das wir Seiten vorher beschrieben haben?), erkannte von Thun vier „Verständlichmacher" (vier!):

- *Einfachheit* in sprachlicher Formulierung
- *Gliederung/Ordnung* im Textaufbau

- *Kürze/Prägnanz,* nicht weitschweifige Ausführlichkeit
- *Zusätzliche Stimulanz* durch anregende Stilmittel.

Diese „Verständlichmacher", meßbar und trainierbar, sind es, die eine Information „ankommen lassen".

Von Thun beschreibt dann selber, wie es weiterging: *„Es stellte sich damals die Frage: Wie können wir die verschiedenen Ansätze der Psychologie, die Beiträge etwa von Carl Rogers, Alfred Adler, Ruth Cohn, Fritz Perls und Paul Watzlawick so unter einen Hut bringen, daß sie für die praktischen Kommunikationsprobleme in einer Zusammenschau dienlich würden? Mit der Zeit schälten sich vier Problemgruppen heraus, die den Vorgang der zwischenmenschlichen Kommunikation gleichsam von vier Seiten her beleuchten."*

- *Sachaspekt:* Wie kann ich einen Sachverhalt klar und verständlich mitteilen?

- *Beziehungsaspekt:* Durch die Art und Weise, wie ich mit jemandem rede, zeige ich, was ich von ihm halte und was er mir bedeutet.

- *Selbstoffenbarungsaspekt:* Wenn sich jemand „äußert", gibt er auch immer etwas von sich. Jede Nachricht, Äußerung, ist eine kleine Kostprobe der Persönlichkeit. So betrachtet läßt sich auch das Lampenfieber recht einfach als Selbstdarstellungsangst beschreiben: „Ich habe Angst, etwas von mir zu geben, da ich vermute, daß ich an meinen Worten gemessen werde; und da ich mir nicht sicher bin bei dem, was ich sagen will, zögere ich, mich zu Wort zu melden!"

- *Appellaspekt:* Wenn ich den Mund öffne, um etwas zu sagen, mache ich das ja nicht „einfach so", sondern meist ist damit der Wunsch nach Einfluß, Effekt, Manipulation verbunden.

Und so kam von Thun dazu, die Nachricht (das, was ich sage) als quadratisches Gebilde darzustellen!

Sachaspekt

Selbstoffenbarungs-
aspekt

Nachricht
(= das, was
ich jemandem
sage)

Appellaspekt

Beziehungsaspekt

Dieses Quadrat eignet sich nach von Thun „*sowohl zur Analyse konkreter Mitteilungen und zur Aufdeckung einer Vielzahl von Kommunikationsstörungen als auch zur Gliederung des gesamten Problemfeldes*". Als psychologisches Handwerkszeug bildet es das Herzstück seines Modell-Ansatzes.

Genau hier zeigt sich wieder einmal das Problem mit den Modellen! Hören Sie zu:

- *Es ist ein **quadratisches** Gebilde.*
- *Es dient der **Gliederung** des Problemfeldes.*
- *Es ist eine **vierdimensionale** Angelegenheit.*
- *Die Seiten sind **gleich lang**.*
- *Es ist ein **Werkzeug** zur Förderung von Klarheit.*

Das klingt zunächst doch einmal eher nach „psychologischer Zimmermannskunst" als nach einer toleranten Betrachtung des chancenreichen, manchmal auch chaotischen, aber immer lebensvollen Miteinanders der Menschheit! Dennoch, und das ist das Faszinosum dieser schrecklich vereinfachenden Modelle, mit seiner Hilfe können wir uns nun endlich analytisch betätigen! Auch Du und ich!

Sie möchten ein Beispiel für das, was wir bisher aus dem Modell gelernt haben? Hier ist es, lassen Sie uns zur Analyse schreiten:

Herrmann sagt zu Dorothea: „An Weihnachten würde ich liebend gerne, aber ohne Deine Mutter, zu Hause feiern!"

Sachaspekt: Weihnachten, ohne Deine Mutter, allein, feiern.

Beziehungsaspekt: Du mußt ja immer Deine Mutter einladen! Kannst Du nicht auch mal an uns denken?

Selbstoffenbarungsaspekt: Mit dem geplanten Weihnachten bin ich nicht zufrieden. Die Anwesenheit Deiner Mutter würde mich stören.

Appellaspekt: Was hältst Du davon? Ich würde mich über eine zustimmende Antwort freuen.

Wahrscheinlich weiß Herrmann selbst gar nicht, welches Bündel von Aussagen er hier gemacht hat! Aber wir haben es ja analysiert und können ihm helfen - oder? Aus meinen sarkastischen Worten können Sie sicher entnehmen, daß wir die verschiedenen Botschaften, die in dieser Nachricht stecken, mit Hilfe der Thunschen Theorie keineswegs treffend und vollständig analysieren konnten. Und schließlich ist die entscheidende Frage doch auch:

Wie reagiert wohl Dorothea?

Aus ihrer Sicht wird wahrscheinlich eine Seite der Nachricht besonders „stark" bei ihr eintreffen; je nachdem, welche Seite es ist, wird sie hören mit dem

- *Sach-Ohr*: Sie versucht zu verstehen, was auf der Sachebene wohl gemeint sein könnte.

- *Beziehungs-Ohr*: Hier hört sie mit persönlicher Betroffenheit etwas wie „Er liebt mich und meine Familie nicht mehr!" oder „Ich fühle mich von ihm ungerecht behandelt und wollte meiner Mutter doch nur helfen!"

- *Selbstoffenbarungs-Ohr*: Dieses Ohr läßt sie personal-diagnostisch tätig werden und fragen: „Was ist denn heute mit Herrmann los?"

- *Appell-Ohr*: Sie nutzt die angekommene Information, indem sie sich fragt: „Was soll ich denn jetzt am besten tun, nachdem ich das nun weiß? Wozu will er mich veranlassen, und was antworte ich am besten?"

Im Grunde ist also der Hörer/die Hörerin, rein biologisch betrachtet, mit nur zwei Ohren recht schlecht ausgerüstet; im Grunde brauchten wir mindestens vier Ohren: *ein Ohr für jede Seite!*

Vielleicht sollten Sie jetzt einmal nach dem Vier-Ohren-Modell ein weiteres Beispiel hören mit kompletter Sprecher- und Hörer-Aktivität:

Jemand sagt zu Ihnen/fragt Sie: „Warum lesen Sie denn dieses Buch über das Zuhören?"

Sprecher/Frager:

Sachaspekt: Klar und verständlich wird nach diesem Zuhör-Buch gefragt.

Beziehungsaspekt: Ich frage Sie, weil ich von Ihnen als Person eine bestimmte Einschätzung habe und Sie ernst nehme!

Selbstoffenbarungsaspekt: Ich bin gespannt auf Ihre Antwort, ich interessiere mich für Ihr Urteil. (Vorausgesetzt natürlich immer, das ganze ist keine ironische Fragestellung nach dem Motto: „Was, Sie können lesen?")

Appellaspekt: Bitte geben Sie mir eine Erklärung dafür!

Empfänger/Hörer:

Sach-Ohr: Ich bin jetzt nach einer sachlichen Begründung für mein Interesse an diesem Buch gefragt.

Beziehungs-Ohr: Finde ich gut, daß der Frager sich für mich interessiert; wir hatten bisher auch eigentlich nie Probleme miteinander!

Selbstoffenbarungs-Ohr: Sollte der Frager auch mal lesen, wenn er es mit seiner Frage ernst meint; denn er zeigt sich sonst immer als Dauer-Redner, und ein wenig Know-how übers Zuhören würde ihm nicht schaden.

Appell-Ohr: Jetzt muß ich wohl eine Antwort geben oder sonstwie reagieren.

Warum die Frage gestellt wurde und wie sie letztendlich gehört wurde, werden wir allerdings nie erfahren; die vielen Möglichkeiten einer realistischen Interpretation eines solchen inneren Konglomerates lassen uns ratlos zurück.

Kurz und modellhaft dargestellt, haben wir es hier mit folgendem Sprecher-Hörer-Modell zu tun:

Sprecher	Hörer	Antwort
Was dominiert?	Wie hört er?	Ergebnis:
	Mit dem	
Sachfrage?	Sach-Ohr?	
und		
Beziehung?	Beziehungs-Ohr?	
Selbstoffenbarung?	Selbstoffenbarungs-Ohr?	
Appell?	Appell-Ohr?	

Und vergessen wir nicht, zu allem kommt noch die Körpersprache sowohl des Fragenden als auch des Hörenden hinzu; sie muß, wenn es eine gelungene Aktion sein soll, stimmig sein.

Als ein Ergebnis, das wir wohl übereinstimmend festhalten können, ersehen wir aus der obigen Darstellung:

Wenn eine Sachfrage gestellt wurde und das Sachohr auch beim Hören dominiert und auch die anderen drei Aspekte und Ohren stimmig sind, dann ist dieser Teil der Kommunikation gelungen.

Aber: Gelungene Kommunikation ist selten, wenn wir betrachten, welche zahlreichen Möglichkeiten des Mißverstehens in dem Vier-Ohren-Modell impliziert sind!

Und das wollen wir Ihnen psycho-mathematisch auch noch einmal vor Augen führen. Es geht zu wie beim Glücksspiel-Automaten: Erscheinen im Anzeige-Fenster identische Buchstaben, z.B.

$$S \quad S$$

für Sachaspekt (= sachliche Aussage) und Sach-Ohr-Hören, und sind auch die Neben-Aspekte und die Neben-Ohren in gleicher Reihenfolge, dann ist die Kommunikation nach diesem Modell gelungen.

So + B + A +	Sachaussage = Sach-Ohr	+ A + B + So
B + So + A +	Sachaussage = Sach-Ohr	+ A + So + B
So + A + B +	Sachaussage = Sach-Ohr	+ B + A + So
A + So + B +	Sachaussage = Sach-Ohr	+ B + So + A
B + A + So +	Sachaussage = Sach-Ohr	+ So + A + B
A + B + So +	Sachaussage = Sach-Ohr	+ So + B + A

Aber, das gibt es auch noch:

Beim Sprecher dominiert der Sachaspekt, der Hörer hört mit dem Appell-Ohr.

3 Variable + Sachaussage : Appel-Ohr + 3 Variable
(Sofortige Antwort als Reaktion)

Beim Sprecher dominiert der Sachaspekt, der Hörer hört mit dem Beziehungs-Ohr.

3 Variable + Sachaussage : Beziehungs-Ohr + 3 Variable
(„Wo sind meine Schlüssel?" „Woher soll ich das denn wissen!?!")

Beim Sprecher dominiert der Sachaspekt, der Hörer hört mit dem Selbstoffenbarungs-Ohr.

3 Variable + Sachaussage : Selbstoffenbarungs-Ohr + 3 Variable („Seit wann interessieren Sie sich denn für meine Lektüre?")

Und dann können wir noch alle Nebenaspekte und die Neben-Ohren miteinander kombinieren. Die Zahl möglicher Kombinationen geht ins Uferlose! Und die Wahrscheinlichkeit einer gelungenen Kommunikation geht wohl gegen Null.

Was zwischenmenschliche Kommunikation so kompliziert macht, ist:

• Der Sprecher ist sich nicht immer klar, warum er überhaupt spricht, was er von sich gibt, was er dadurch bewirken will und welchen Einfluß seine Worte auf die Beziehung zum Hörer haben.

• Der Hörer wiederum hat theoretisch zwar die freie Auswahl, auf welchen Aspekt der Nachricht er mit welchem Ohr reagieren soll, praktisch aber reagiert er routiniert spontan, so wie er „drauf ist", wie er meint, es sei richtig. Schulz von Thun spricht in diesem Zusammenhang von „einseitigen Empfangsgewohnheiten", und zwar hören mit dem Sach-Ohr vor allem Akademiker und Männer!!, mit dem Beziehungs-Ohr hören wir wie eine Mimose und liegen permanent auf der überempfindlichen Beziehungslauer, das Selbstoffenbarungs-Ohr läßt uns analysieren: „Das sagst Du ja nur, weil ..." und das Appell-Ohr sei eine Antenne für den Appellsprung: „Was willst Du? Kaffee? Warte, ich hole schnell eine Tasse!"

Wir könnten, so meint von Thun ähnlich wie L. Steil im Modell des „aktiven Hörens", diese komplizierte zwischenmenschliche Kommunikation verbessern, indem wir die einzelnen Empfangsvorgänge sauber auseinanderhalten:

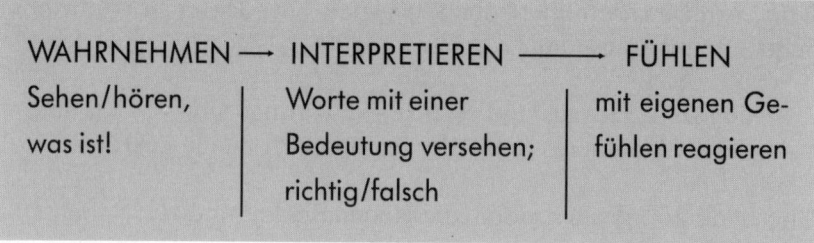

WAHRNEHMEN → INTERPRETIEREN ────→ FÜHLEN

Sehen/hören, | Worte mit einer | mit eigenen Ge-

was ist! | Bedeutung versehen; | fühlen reagieren

| richtig/falsch |

Und damit ist der Zeitpunkt gekommen, auch das von Thunsche Modell einer kritischen Bewertung zu unterziehen. Sie ahnen vielleicht schon, was mir an diesem Hörmodell nicht gefällt:

- Als erstes moniere ich den geometrisch-mathematischen Ansatz: ein quadratisches Modell mit gleicher Seitenlänge; eine vierdimensionale Angelegenheit als „Brille" der Kommunikationspsychologen, mit der sie Pannen (!) ausmachen. Die Zahl vier dominiert in diesem Modell, wie Sie sicher bemerkt haben, das gesamte Denken! Nur unsere Welt ist nicht vierdimensional begrenzt analysierbar und beschreibbar! Hier fehlt jegliche Bewegung, jegliches Leben, jegliche Veränderung!

- Kommunikation zwischen Menschen läuft meist eben nicht so *offensichtlich* erkennbar ab, sondern eher verdeckt, mehrdeutig, taktisch-diplomatisch, von jetzt auf gleich die Meinung und Bedeutung situativ ändernd.

- Kulturelle oder gar interkulturelle Unterschiede kommen nirgendwo zur Sprache; es gibt nur den Stereotyp-Mensch!

- Es werden kaum Möglichkeiten und Beispiele für *positives, glückhaftes, schönes* Kommunizieren erwähnt, sondern mehrheitlich die problem- und konflikthaften *negativen* Darstellungen bevorzugt.

- Die Möglichkeiten eines plötzlichen Wandels der Befindlichkeit beim Zuhörer bleiben unberücksichtigt; er ist eben so, wie er ist!

- Es herrscht ein Bild vom Menschen als eine Art Black box vor; tue ich das rein, kommt das raus! Schalte ich das oder das Ohr ein, kommt es zu dem oder dem Antwortverhalten! Das kann und darf nicht das Bild vom Menschen sein; auch nicht oder insbesondere nicht bei Psychologen!

- Die individuelle genetische Prägung, verbunden mit ständigem Wandel durch Erziehung, Erfahrung und Erlebnisse, findet keine Berücksichtigung. Macht, Wollen und Können des einzelnen sind durch derartige Modelle nicht erfaßbar.

- Lebensalter und Geschlecht spielen keine Rolle.

- Ein Gespräch findet ja immer in einem „Zeithof" statt; soll heißen, es geschieht etwas zeitlich vor diesem Gespräch, und etwas folgt zeitlich nach diesem Gespräch! Je nachdem, in welchem „Zeithof" ich mich befinde, werde ich dadurch bedingt auch mit großer Wahrscheinlichkeit unterschiedlich hören.

  Sie möchten ein *Beispiel* hören? Stellen Sie sich vor, bis nachmittags um 14.00 Uhr haben Sie in wichtigen, aggressiv geführten Vertragsverhandlungen gesessen, nun müssen Sie mit einer sehr sensiblen Mitarbeiterin reden, um ihr ein neues Aufgabengebiet zu übertragen, und ab 15.00 Uhr sollen Sie mit dem Betriebsrat ein Gespräch über Arbeitszeitverkürzung und Entlassungen führen! Mit sehr großer Wahrscheinlichkeit müssen Sie sich im Gespräch mit der Mitarbeiterin, das ja im beschriebenen Zeithof liegt, bemühen, ein adäquater Zuhörer zu sein!

- Außerdem findet in dem bisher beschriebenen Modell der „konnotative Hof" keine Berücksichtigung: Jedes Gespräch, das Hören und Sprechen bedingt, findet statt in einer bestimmten beruflichen, privaten oder gesellschaftlichen Situation der Beteiligten, nach der sich jeweils die Bedeutung des gesprochenen Wortes richtet.

Der Fairness halber jedoch wollen wir noch kurz darauf hinweisen, daß Schulz von Thun das bisher geschilderte Modell im Band 2 von „Miteinander reden" erweitert hat um die Einführung von acht (2 x 4 !!) deutlich unterschiedenen Kommunikationsstilen samt den aus ihnen folgenden typischen Verwicklungen. Die Kommunikationsstile sind:

Bedürftig-abhängiger Stil

Helfender Stil

Selbst-loser Stil

Aggressiv-entwertender Stil

Sich beweisender Stil

Bestimmend-kontrollierender Stil

Sich distanzierender Stil

Mitteilungsfreudig-dramatisierender Stil

Die Einführung dieser Kommunikationsstile erweist sich als geschickter Schachzug, da jetzt ein großer Teil alltäglicher Situationen abgedeckt wird; ahnen Sie bereits, wieviele mathematisch errechenbare Varianten möglich sind?

Es gibt acht Stile; jeder Stil hat einen Sprecher mit vierundzwanzig verschiedenen Möglichkeiten (s. Abb. Seite 74), die Aspekte der Nachricht zu verändern, und jeder Stil hat einen Hörer auf der anderen Seite mit vierundzwanzig verschiedenen Möglichkeiten, jeweils vier Ohren unterschiedlich einzusetzen!! Schwirrt Ihnen bereits der Kopf? Okay, das Rechnen überlasse ich jetzt Ihnen!

Zur teilweisen Ehrenrettung des „Modellbauers" Schulz von Thun sei er mit eigenen Zweifeln zitiert: „... *den richtigen Begriff zu wählen, erweist sich als gar nicht einfach, in (fragwürdiger) Anlehnung an die technische und kybernetische Nomenklatur habe ich von Nachricht gesprochen und an ihr vier Seiten (Aspekte) unterschieden, ...*"

Und dennoch, damit kommen wir noch einmal auf die benutzten Termini im Modell zurück, geht es ihm immer um:

- „Erweiterung der persönlichen Substanz"
- „wiederkehrende Signalkombination"
- „interseelische Dynamik"
- „zwischenmenschlichen Kreislauf"
- „Sprengstoff in der Beziehungsdynamik"
- „symmetrische und komplementäre Kreisläufe"
- „dialektisch strukturierte Daseinsforderungen"

und so fort!

Schulz von Thun will bestimmt mit seinem Modell „keine computergerechte Sortierhilfe für Chefs" entwickelt haben, aber nicht immer steht ein Dolmetscher für unsere Kommunikationsprobleme zur Verfügung, und da hilft es eben, so sagt er, daß man ein bißchen „Fremdsprache" (sein Modell?) gelernt hat, um manches übersetzen und sich einiges Wertvolles von der fremden Sprache zu eigen machen zu können.

Literatur:

Bühler, Karl, Sprachtheorie, Gustav Fischer Verlag, Jena 1934

Eccles, John C., Popper, Karl R., Das Ich und sein Gehirn, Piper Verlag, München 1982

Schulz von Thun, Fr., Miteinander reden - Störungen und Klärungen, Rororo Sachbuch 7498

Schulz von Thun, Fr., Miteinander reden - Stile, Werte und Persönlichkeitsentwicklung, Rororo Sachbuch 8496

Steil, Lyman e.a., Aktives Zuhören, Sauer Verlag 1986

Watzlawick e.a., P., Menschliche Kommunikation, Huber-Verlag 1969

„Im Heiligtum, das Deine Brust umhegt,
Da hängt Dein Herz, als wundersame Glocke,
Und wenn Du sprichst, so hört mein Ohr sie läuten,
Als ob sie mich hinein zur Andacht locke."
(Wilhelm Jordan, 1870)

9. Die Kunst des Zuhörens im Jahre 1873!

Absicht des Kapitels:

- **Früher stand in jedem Benimm – Buch ein Kapitel über das Zuhören – und heute??**
- **Es gab so etwas wie die Kunst der Unterhaltung; genügt heute ein „Booh eäyh"?**
- **Exkurs in das Jahr 1873. Vielleicht können wir etwas lernen!?!**

Im Jahre 1873 erschien in dritter Auflage „Die Kunst der Unterhaltung", geschrieben von einer Constanze von Franken. Ihre Absicht mit diesem Ratgeber war:

„Das Büchlein will dich einführen in den Ton und die Sprache der heutigen guten Gesellschaft, es will dir helfen, dich beliebt und angenehm in jedem Kreise zu machen, es will, alles in allem zusammengefaßt, dich vertraut machen mit der Kunst, die unter allen geselligen Künsten die wichtigste ist, nämlich: Die Kunst der Unterhaltung."

Ja, liebe Leser, das waren die guten alten Zeiten! Die heutigen rhetorischen Ratgeber haben da doch einen ganz anderen Impetus; hören Sie nur einmal diese Titel:

„Rede – und Du hast Erfolg!"
„Führen durch Kommunikation"
„Redekunst im Rampenlicht"
„Phone Power" und „Power talking"
„Konfliktsouveränität"

„Sag doch einfach, was Du denkst!"

„Dialektik und Ethik"

So, das genügt!

In ihrem Ratgeber aus dem Jahre 1873 widmet Constanze von Franken auch dem Zuhören ein ganzes Kapitel. Bitte gestatten Sie uns, einige lesenswerte Passagen zu zitieren; denn sie zeigen ganz deutlich den gesellschaftlichen Stellenwert des Miteinander – Redens damals, und so auch den Unterschied zu unserem heutigen „Smalltalk"! Wir zitieren:

„Schwieriger noch als die Kunst des Unterhaltens, aber nicht weniger wichtig ist die Kunst des Zuhörens.

Wer es in der Gesellschaft zu etwas bringen, beliebt und gesucht werden will, der darf die letztgenannte Kunst nicht weniger verstehen als die erste.

Junge Leute vor allem können sie nicht sorglich genug pflegen; sie werden durch aufmerksames, bescheidenes Zuhören meist mehr erreichen als durch die vollendetste Redekunst.

Aeltere Herren, und aeltere Damen nicht minder, hören sich gern selber reden; du machst dich ihnen demgemäß viel angenehmer, wenn du ihnen achtungsvoll zuhörst, als wenn du sie, sei es auch durch die geistreichsten Bemerkungen, unterbrichst und deinen Teil an der Unterhaltung begehrst.

Zerstreut und unaufmerksam darfst du freilich nicht zuhören. Die Fragen und Anmerkungen, mit denen du eintretende Pausen ausfüllst, müssen immer zeigen, daß du dem Gesagten anteilsvoll gefolgt bist und ihm Zustimmung und Anerkennung zollst.

Viele sind so eingenommen von sich selbst, daß sie es gar nicht bemerken, wenn du dich auf das Zuhören beschränkst und ihrem Redestrom nur ein gelegentliches: „Wie interessant!" – „Aha!" –

„Richtig!" - „Ist das möglich?" - „Ich bewundere wirklich!" - „Ach, in der That?" - „Ganz meine Ansicht!" einfügst.

Sie werden, wenn sie fertig sind, der Meinung sein, sich vortrefflich mit dir unterhalten zu haben; mehr wirst du weder wünschen noch erwarten können.

Als der Dichter Gottfried Kinkel (Anm. des Autors: Ist das ein Vorfahr unseres heutigen Außenministers gewesen?) 1848 nach Berlin kam, machte er auch die Bekanntschaft der aus ihrem Briefwechsel mit Goethe bekannten Bettina von Arnim. Gleich bei der ersten Begegnung nahm die überaus lebhafte Frau ihn ganz in Beschlag und kam sofort voll Eifer auf das Gebiet der Politik zu reden. Zwei volle Stunden setzte sie ihm ihre Ansichten auseinander, ohne daß er nur einmal hätte zu Wort kommen können.

Einige Zeit nachher hörte er, daß Bettina ihn ihren Bekannten gegenüber sehr lebhaft gelobt habe. „Den Kinkel lasse ich mir gefallen", hatte sie geäußert, „das ist doch ein Mann, der noch ein Wort mit sich reden läßt."

Aber auch weniger Eitle werden es angenehm empfinden, wenn sie von dem, was sie bewegt und interessiert, vor einem aufmerksamen Hörer reden dürfen. Ein feinfühliger Mensch kann nicht reden, wenn er merkt, daß man keine Lust hat, ihm zuzuhören...

Höre also geduldig dieselben Anekdoten, die du schon so oft hörtest, noch einmal an, lasse dir getrost noch einmal von deinem Onkel von dem Feldzug, den er mitmachte, und seinen Heldenthaten dabei erzählen oder von deiner Tante alle Einzelheiten ihrer Krankheiten und Leiden oder auch der Erfolge und Triumphe ihrer Jugendzeit berichten und tröste dich damit, daß es ihnen wohl und dir nicht wehe tut.

Du wirst sie durch dein anteilvolles Zuhören sicher unendlich mehr erfreuen, als wenn du ihnen selbst die interessantesten Dinge er-

zählen wolltest. Warum also ihnen die Freude verderben, indem du ihnen sagst, daß du ihre Geschichten schon kennst? Vom Erzählen derselben dürften sie sich zudem auch durch eine solche Bemerkung nicht abhalten lassen.

Du brauchst übrigens nicht zu glauben, daß du deinen Geist beim Zuhören nicht zeigen könnest, du mußt den Nachdruck eben auf deine kurzen Zwischenfragen legen.

„Sehr gesprächig war er nie", heißt es von Boris Lensky in dem gleichnamigen Roman, „seine geistigen Fähigkeiten waren von schwererem, für kleine Konversationszwecke unbrauchbarem Kaliber. Aber wie er zuzuhören, wie er zu fragen verstand! Dann, ganz von ungefähr, machte er bezüglich einer gerade schwebenden politischen, künstlerischen, literarischen Frage irgend eine so eigentümlich scharf und weithin treffende Bemerkung, daß jedesmal ein erstauntes Schweigen darauf folgte." ...

Alexander Dumas sagt: „Rede nur, wo es nötig ist, und sage nur die Hälfte von dem, was Du weißt."

Soweit aus „Die Kunst der Unterhaltung"! Wir wollen uns versagen, diese Ausführungen sowohl werkimmanent als auch in ihrem sozialen Kontext zu interpretieren, wie es allseits Mode ist. Lassen Sie uns statt dessen doch einfach von ihr lernen und sagen: „Ja, sie hat in vielem, was sie sagt, recht!"

Literatur:

Franken, Constanze von, Die Kunst der Unterhaltung, Levy & Müller, Stuttgart 1873, Reprint bei Rogner & Bernard, München 1978

Gehört ist noch nicht wahrgenommen.
Wahrgenommen ist noch nicht gedeutet.
Gedeutet ist noch nicht bewertet.
Bewertet ist noch nicht richtig geantwortet!

10. Stille Post - Ich erzähle weiter, was ich von Dir hörte!

Absicht des Kapitels:

• **Erkennen, daß Sie Wiedererzähltem nicht unbedingt trauen können.**

• **Lernen, daß es rhetorische Filter gibt (siehe Motto oben).**

• **Ein wenig darüber lachen, weil unsere Geschichten so realistisch sind!**

Erinnern Sie sich noch an die Zeit unserer Kindergeburtstage und „Hausbälle", bei denen wir „Stille Post" spielten? Eine Art Kinderspiel damals, doch heute, als Erwachsene, spielen wir es gewiß auch noch!

Einer hört eine Geschichte und erzählt sie dem nächsten weiter, der wieder dem nächsten und so weiter und so weiter. Wichtig dabei ist, daß immer nur einer die Geschichte hört, sie durch seine „rhetorischen Filter" (s. Motto) laufen läßt und sie dann weitergibt. Was dabei herauskommt, wenn wir unreflektiert einfach weitergeben, was wir gehört haben, „hören" sie jetzt.

Zunächst ein aktuelles Beispiel aus der beruflichen Praxis. Ähnlichkeiten mit der Realität und lebenden Personen sind unbewußt, aber gewollt:

84

Innerbetriebliche Kommunikation trotz „Lean" und „Slim"

AIR-SPACE
Vorstandsvorsitzender   *2. August 1994*
Notiz für Direktor Loch, Länderbereich Asien

Am 27. dieses Monats wird mich Herr Gonsera, Leiter AIR-
SPACE Taiwan, auf der Durchreise kurz besuchen. Bitte geben
Sie mir einige Tage vorher Bescheid, ob irgend etwas Beson-
deres anliegt.

gez. Dr. Mehlborn

Das ist eine kurze, präzise Anweisung und Bitte um Informationen, die aber im folgenden „Hierarchie-Abstieg" immer mehr an Bedeutung und Aktivitäten auslöst, bis sie dann auf dem Weg nach oben durch die Hierarchie wieder auf Null komprimiert wird. Und so haben dann alle ihre Existenzberechtigung nachgewiesen; jeder war wichtig, man war beteiligt und die Kosten waren immens!

Und so geht es nun in unserem Konzern weiter:

Leiter Länderbereich Asien   *4. August 1994*
Notiz für Prokurist Stahl, Verkauf Asien

Am 27. findet bei Generaldirektor Dr. Mehlborn eine Bespre-
chung mit Herrn Gonsera, Leiter AIR-SPACE Taiwan, statt. Ich
bin aufgefordert, über den aktuellen Geschäftsstand etc. zu be-
richten. Erbitte deshalb von Ihnen bis zum 17. August spätestens
eine kurze Zusammenfassung unseres Taiwan-Geschäfts in
diesem und im letzten Jahr.

gez. Loch

Haben Sie eine Vorstellung, was solch ein Wunsch von „ganz oben" bei denen „da unten" auslöst? Nein? Dann lesen Sie mal weiter:

Stahl, Prokurist   *5. August 1994*
Notiz für Referat Taiwan, Herrn Haida

In Kürze findet eine wichtige Vorstandssitzung über die Zukunft unseres Taiwan-Geschäftes statt. Ich erbitte bis zum 14. August (latest deadline!) die für solche Anlässe üblichen Unterlagen (detailliert, mindestens Fünf-Jahres-Zeitraum), aus denen der Vorstand die nötigen wirtschaftlichen und personellen Schlüsse ziehen kann. Besprechung der Unterlagen bei mir am 15. August.

gez. Stahl

Bestimmt haben Sie inzwischen gemerkt, daß „Stille Post" auch schriftlich funktioniert; und zwar gar nicht so schlecht. Was meinen Sie?

Referat Taiwan   *13. August 1994*
Notiz für Herrn Prokurist Stahl
Betr.: Grundsatzgespräch des Vorstandes am 27. August über bisherige und zukünftige Geschäftsentwicklung der AIR-SPACE Taiwan.
Anbei folgende Unterlagen: Umsätze, nach Produkten aufgeteilt, Renditeberechnung (10-Jahres-Zeitraum), Fünf-Jahres-Plan (Produkte/Personal/Kosten-/Nutzen-Rechnung), Preisentwicklung, Konkurrenzen, Reiseberichte letzte drei Jahre.
Anlage: 14 Tabellen, insgesamt 31 Seiten

gez. Haida

Nun hat unsere „Betriebspost" ihren „Tiefpunkt" erreicht, und die Informationen laufen wieder nach oben. Achten Sie einmal darauf, wie sie komprimiert und verkürzt werden:

Stahl, Prokurist, Verkauf Asien   *16. August 1994*
Notiz für Herrn Direktor Loch

Anbei meine Summary der wesentlichen Punkte zur Situation Taiwan (14 Tabellen, insgesamt 31 Seiten) für die Vorstandssitzung am 27. August.

                                            gez. Stahl

Und was macht Dir. Loch, Länderbereich Asien, aus den Papieren? Einfach genial und souverän:

Leiter Länderbereich Asien   *22. August 1994*
Notiz für Herrn Generaldirektor Dr. Mehlborn

Wie ich auf Rückfrage bei den unmittelbar Verantwortlichen erfuhr, liegt im Taiwan-Geschäft des Konzerns nichts Besonderes vor. Mein Sekretariat hat mir aus einigen aktuellen Unterlagen für alle Fälle ein paar Eckdaten herausgezogen, die ich Ihnen anbei weiterleite, falls Sie etwas zur Hand haben wollen. Für die Teilnahme am Mittagessen stehe ich gegebenenfalls zur Verfügung.

                                            gez. Loch

Da kann sich doch Dr. Mehlborn bei seinem an ihn berichtenden Unter-Direktor nur bedanken; natürlich ohne zu ahnen, welche Lawine er mit seinem ursprünglichen Wunsch losgetreten hatte. Sein Dank lautet:

> *Dr. Mehlborn*   *28. August 1994*
> *Notiz für Herrn Direktor Loch*
>
> *Anbei Ihre kleine Zahlenaufstellung mit Dank zurück; ich habe sie beim Gespräch mit Herrn Gonsera nicht benötigt. G. war nur für 15 Minuten zu einem Höflichkeitsbesuch bei mir und bestätigte, daß nichts Besonderes vorläge. So war es durchaus gut und richtig, daß Sie keine unnötigen Ausarbeitungen, detaillierte Listen oder ähnliches haben erstellen lassen.*
>
>   *gez. Dr. Mehlborn*

Soweit eine erste „Stille innerbetriebliche Post", die ich nach einer Satire von Günther Klein in der „Süddeutschen Zeitung" modifiziert und aktualisiert habe.

Zur Ehrenrettung der Direktoren sei aber angeführt, daß uns neulich ein Schreiben einer Führungskraft in die Hände fiel, in dem sie bat:

„Ich weiß oft nicht genau, was ein einfacher Wunsch von mir nach Informationen an Arbeitsaufwand erfordert macht! Bitte haben Sie den Mut, mich in einem solchen Falle darüber zu informieren; ich bin jederzeit bereit, meinen Wunsch zurückzunehmen, zu überprüfen und zu modifizieren!"

Ein Bravo diesem Mann!

Witz und Satire in einem Unternehmen sind verräterische Kennzeichen für den „Stil des Hauses". Im folgenden wollen wir Ihnen eine Variante der alten „Sonnenfinsternis bei der Bundeswehr" von Wolfgang Neuß geben, die wir in der Werkszeitung eines bekannten Elektronik-Konzerns fanden:

Vorstand spricht zum Direktor:

Morgen um 9.00 Uhr findet eine Sonnenfinsternis statt. Also etwas, was man nicht alle Tage sehen kann. Lassen Sie die Belegschaft ruhig in Arbeitsbekleidung rausgehen. Bei der Beobachtung dieses seltenen Ereignisses werde ich selbst die Erläuterungen geben. Wenn es regnet oder schlechtes Wetter ist, werden wir das natürlich nicht gut sehen können. Dann lassen Sie die Belegschaft gleich in die Kantine gehen.

Direktor spricht zum Hauptabteilungsleiter:

Auf Weisung des Vorstandes findet morgen um 9.00 Uhr eine Sonnenfinsternis statt. Wenn es regnet, werden wir das in Arbeitsbekleidung auf dem Werkhof nicht gut sehen können. In diesem Falle führen wir das Verschwinden der Sonne im Speiseraum der Kantine durch. Also etwas, was man nicht alle Tage sehen kann.

Hauptabteilungsleiter zum Abteilungsleiter:

Auf Anweisung des Vorstandes wird morgen um 9.00 Uhr im Arbeitszeug das Verschwinden der Sonne in der Kantine durchgeführt. Der Vorstand gibt Anweisung, ob es regnen soll. Also etwas, was man nicht alle Tage sehen kann.

Abteilungsleiter zum Gruppenleiter:

Wenn es morgen im Speiseraum der Kantine regnet, also etwas, was man nicht alle Tage sehen kann, verschwindet um 9.00 Uhr unser Vorstand in Arbeitskleidung.

Gruppenleiter zu den Sachbearbeitern:

Morgen um 9.00 Uhr soll unser Vorstand verschwinden. Schade, daß man das nicht alle Tage zu sehen bekommt!

Die „Deutsche Lufthansa" hatte wahrscheinlich ähnliche Probleme mit dem Zuhör-Vermögen quer durch alle Hierarchien, wie sonst hätte auch sie eine eigene Version des langsamen Verschwindens und des gründlichen Veränderns von Informationen bringen müssen.

Hier ist die Geschichte, betitelt mit: *Das kybernetische Phänomen in der zivilen Luftfahrt.* (Für den leichten Machismo-Charakter einiger Passagen entschuldigen wir uns im voraus; wir wollen aber authentisch bleiben und nichts streichen!)

Direktor zum Hauptabteilungsleiter:

Am Freitag um 11.00 Uhr erwarten wir die Ankunft einer 727/200 Advance in Hamburg. Es ist der 100. von Lufthansa und CFG bestellte Boeing-Jet (Anm. des Autors: Daran merken Sie das Alter der Geschichte!). Er wird in Halle 3/4 gezogen. In einem anschließenden Festakt wird der Vorstand die Festrede halten. Ein Teil der Kantine ist für Presse und Gäste reserviert, der andere Teil für Lufthansa-Mitarbeiter in Arbeitskleidung, sofern die Arbeitsplanung eine Unterbrechung zuläßt. Aus diesem Anlaß wird die Firma Boeing Gastgeber für das Mittagessen in der Kantine sein.

Hauptabteilungsleiter zum Abteilungsleiter:

Der Direktor sagt, am Freitag um 11.00 Uhr trifft eine neuartige 727/200 als 100. Boeing Maschine für LH in Hamburg in Halle 3 oder 4 ein. Im Anschluß hält der Vorstand eine Rede über diesen Festakt. Die Halle ist geteilt für Presse und Gäste, sowie für Lufthansa-Mitarbeiter, die im weißen Kittel erscheinen sollen, sofern die Unterbrechung geplant ist. Boeing bewirtet die Lufthansa-Mitarbeiter in der Kantine.

Abteilungsleiter zum Gruppenleiter:

Der Direktor hat mitgeteilt, um 11.00 Uhr kommt eine geneuerte 727/200 als 100. Flugzeug der Lufthansa entweder in Halle 3 oder 4 an. Im Anbau hält der Vorstand eine Rede über diesen Festakt. Die Halle ist in zwei Teile geteilt. In einem steht die Presse für die Gäste, im anderen die Mitarbeiter im weißen Kittel. Die Unterbrechung ist zu planen. Boeing-Personal bewirtet die Lufthanseaten in der Kantine.

Gruppenleiter zum Meister:

Die Direktion hat angewiesen: Am Vormittag kommt eine 727 als 200. Flugzeug zur Neuerung bei der Lufthansa an. Man weiß noch nicht genau, ob in Halle 3 oder 4. Im Hallenanbau hält der Vorstand eine Rede über das Flugzeug, und Bildreporter halten den Akt fest. Deswegen ist die Halle in zwei Teile geteilt worden, in die die Gäste und die Mitarbeiter im weißen Kittel gepreßt werden sollen. Die Arbeitsunterbrechung ist geplant. Das Personal der Boeing-Flugzeuge bedient die Lufthanseaten in der Kantine.

Meister zum Mitarbeiter:

Es ist angeordnet worden, daß vormittags die 200. 727 der Lufthansa landet. Man weiß noch nicht genau, in welcher Halle. Deswegen erklärt der Vorstand zur gleichen Zeit im Hallenanbau das Flugzeug den Mitarbeitern. In einem Hallenteil werden die Gäste mit weißen Kitteln zusammengepreßt. Dadurch entsteht ein planmäßiger Arbeitsausfall. Es werden auch Aktbilder gemacht. Die Boeing-Stewardessen sollen den speziellen Service für die Lufthanseaten machen.

Mitarbeiter untereinander:

Es ist befohlen worden, daß die 727 zum 200. Male in der Halle landet. Deswegen wird die Schulung für dieses Flugzeug in den Hallenanbau verlegt, weil sonst Gäste erpreßt werden könnten und dadurch die Arbeit ausfällt. Außerdem will Boeing Aktphotos von Stewardessen für den „Lufthanseaten" (Hauszeitschrift der Lufthansa) machen.

Haben Sie geschmunzelt? Lächeln heißt ja wohl wiedererkennen! Achten Sie bei der nächsten Information, die Sie bekommen, darauf, daß Sie nur das weitergeben, was sich nachprüfen und beweisen läßt. Sagen Sie in Zukunft viel häufiger: „Ich weiß es nicht genau, aber man sagte mir folgendes: ..."!

Nur wenn man Ihnen glaubt,
glaubt man auch Ihrer Sache.

11. „Earcatcher" - Wie Sie so sprechen, daß man Ihnen einfach zuhören muß!

Absicht des Kapitels:
- Tips für Ihren „rhetorischen Werkzeug-Kasten".
- Lernen Sie Wörter, die „verkaufen", und den Einsatz visueller Hilfen.
- Kämpfen Sie gegen die unheimlichen Plastik-Wörter!

Um eine gelungene und effiziente Kommunikation mit anderen Menschen zu führen, müssen Sie sich klare Ziele setzen, die genau definieren, was Sie erreichen wollen! Ihr Gehirn ist dann ein Steuermann, der Sie mit ständigen kleinen Varianten des eingeschlagenen Kurses zu diesem Ziel führt.

Als die NASA Apollo 11 mit den Astronauten Armstrong, Aldrin und Collins auf die Reise zur ersten Mondlandung losschickte, waren auch ständige, ganz kleine Korrekturen notwendig, um das Raumfahrzeug genau auf Kurs Mond zu halten. Wären diese Korrekturen nicht erfolgt, hätte Apollo 11 den Mond weit verfehlt, und die erste Mondlandung am 20. Juli 1969 wäre ein gigantischer Mißerfolg geworden.

Genauso glaube ich, daß erfolgreiche Kommunikation durch nichts anderes erreicht wird als durch „kleine Kurskorrekturen" im Was und Wie des Gespräches!

Für Ihren „rhetorischen Werkzeugkasten" biete ich Ihnen daher im folgenden einige leicht einsetzbare Instrumente an:

- Vermeiden Sie die *Ich-Krankheit!* „Ich" ist zwar nur ein ganz kleines Drei-Buchstaben-Wort, aber manch einer macht es zum gewichtigsten Wort seines Gesamt-Vokabulars! Wir können diese Ich-Krankheit in allen Bereichen unseres Lebens finden; ob im Beruf („Und dann hab ich meinem Chef mal so richtig die Meinung gegeigt; das hatte ich ja schon lange vor ...") oder im Privatleben („Ich war da in diesem kleinen Cafe in Lucca, mitten in der Stadt, fast auf der Straße mußte ich sitzen; die haben aber den besten Cappuccino in ganz Italien! Der Eigentümer ist Antonio Boscolo, den ich damals hier in Bremen beim Sechstagerennen kennenlernte. Ach ja, das muß ich Dir auch noch erzählen ...") Diese Art „Egospeak" ist in jeder Hinsicht sehr zerstörerisch und eigentlich *Non-Kommunikation:* Niemand wird Ihnen zuhören - einzig und allein, weil Sie niemandem zuhören!

Zuhören verlangt Disziplin. Disziplinieren Sie sich so, daß Sie in Zukunft mindestens fünfmal mehr *Sie* und *Wir* statt *Ich* sagen, und statt „*Ich* meine ..." lieber „Was denken Sie darüber?"

• *Stimulieren* Sie Ihre Zuhörer! Sie nur für etwas zu interessieren genügt nicht. Nein, es liegt allein an Ihnen, Aktionen und Reaktionen auszulösen. „Die Zuhörer machen den Redner", heißt es; mit Menschen zu reden ist keine Einbahnstraße!

Geben Sie den Zuhörern die Chance zum Mitdenken durch Fragen wie:

– „Wie erklären Sie sich denn, daß ...?"

– „Was wird nach Ihrer Meinung geschehen, wenn ...?"

– „Können Sie mir bitte mal ein Beispiel geben ...!"

– „Warum erwähnen Sie das gerade jetzt?"

Wie, Was, Warum sind drei gute Helfer.

Sie werden bemerkt haben, daß wir hier mit sogenannten offenen rhetorischen Fragen arbeiten, auf die viele Antworten möglich sind. Geschlossene rhetorische Fragen dagegen, wie „Wissen wir nicht alle, daß das Ende der Zeiten angebrochen ist?", werden bei manchem Zuhörer schnell ein „Nein" aufkommen lassen. Und das eben wollen Sie ja nicht.

• *Zeigen Sie umgekehrt aber auch ein Interesse* an den Zuhörern und ihren Ideen! Nehmen Sie in Ihr „Glaubensbekenntnis" daher folgende Gedanken mit auf:

– *Ich bin Freund der Zuhörer!* Wenn Sie Freunde haben wollen, seien Sie den Menschen selbst ein Freund. Denken Sie an das, was Sie von einem Freund erwarten. Schreiben Sie es auf ein Blatt Papier! Prüfen Sie für sich selbst, an welchem der Punkte Sie noch „feilen" müssen, und nehmen Sie sich dann in die Pflicht, daran zu arbeiten!

– *Die Zufriedenheit, Sicherheit und Entwicklung* meiner zuhörenden Freunde ist mir genauso wichtig wie die eigene. Das ist die beste Einstellung; denn mit ihr zerstöre ich viele Barrieren und schaffe mir positive Kraft für das Miteinander.

– Für unsere Begegnung will ich *mir Zeit nehmen.* Denn Zeit ist notwendig, um diejenigen Gedanken und Gefühle auszudrücken, die mein echtes Wollen betreffen.

– Vermeiden Sie nach Möglichkeit *alles Kritisieren, Verurteilen und Richten* anderer Menschen; denn niemand von uns ist wirklich perfekt und integer. Und eines ist doch klar: Wenn Sie andere „richten", werden andere Sie „richten". Trennen Sie deshalb besser nach Person und Handlungsweise; Sie können der Person ein Freund bleiben, obwohl Sie deren Handlungsweise in dieser oder jener Aktion für nicht korrekt halten! Aus Ihrer Körpersprache und Stimme wird man erkennen können, ob Sie es ehrlich dabei meinen!

– Sprechen Sie *Komplimente* aus! Seit unseren Kindertagen wissen wir alle („Alles, was ich im Leben brauche, habe ich schon als Kind gelernt!"): Wenn uns jemand schlägt, schlagen wir zurück. Dieses Prinzip jedoch können wir auch positiv einsetzen: Treten Sie in Vorleistung und machen Sie Komplimente, wenn es angebracht ist. Das sind Geschenke, die Ihnen vielfach vergolten werden. Aber wir müssen uns schon anstrengen, Komplimente auszudrücken:

Streß, Frustration, zu viel Arbeit, Zeitdruck, Müdigkeit und viele andere Stressoren lassen uns das häufig vergessen. „Mich lobt ja auch niemand", sagt mancher; mit Recht? Wir müssen diesen Teufelskreis einfach durchbrechen, über unseren Schatten springen, den Kopf zum Denken benutzen und nicht nur als Hustenzentrale!

- Wenn Sie das echte Gespräch mit Ihren Zuhörern wollen, dann mag diese „Check-Liste" helfen:
  - Was macht meine Zuhörer zufrieden und „glücklich"?
  - Was macht ihnen angst?
  - Wann fühlen sie sich besonders sicher?
  - Wann fühlen sie sich im Stich gelassen?
  - Was ist der „Knackpunkt" unserer Beziehung?
  - Wenn ich sicher sein könnte, nicht zu scheitern, was würde ich dann wohl versuchen zu erreichen?
  - Wenn ich nur noch einen Monat zu leben hätte, dann würde ich ...!
  - Wann wäre ich mit meinem Redebeitrag, um den es hier geht, richtig zufrieden?
  - Wie können wir realisierbare Ziele gemeinsam erreichen?

- Sie haben wieder bemerkt, hoffen wir, daß es uns darum geht, *mit unseren Zuhörern* und nicht nur zu unseren Zuhörern zu sprechen! Vielleicht hilft Ihnen bei Referaten, Vorträgen und Reden ein kleiner *gedanklicher Trick: Stellen Sie sich Ihre Zuhörer als Einzelpersonen vor, und nicht als eine große, angsterregende, unpersönliche Menge!* Allein dieser einfache Kunstgriff kann Ihr Reden lebendiger und erfolgreicher machen! Nehmen Sie Augenkontakt auf zu einzelnen Personen im Auditorium. Suchen Sie sich freundliche Gesichter aus; aber auch solche, die zunächst noch zweifelnd schauen. Augenkontakt hilft manches Mal, daß Ideen leichter akzeptiert werden. Guter Augenkontakt schweißt Sie mit Ihren Zuhörern zusammen und macht sie aufnahmefähiger und aufnahmewilliger für Ihre Ideen! Der Eyecatcher ist also zugleich auch der gewünschte Earcatcher!

- *Sprechen Sie „druckreif" - oder „In der Kürze liegt die Würze"!*
  Die größte Gefahr, die Zuhörer zu langweilen, besteht darin, alles
  sagen zu wollen. In der Rhetorik gibt es den Grundsatz: „Unsicherheit erzeugt Sprechenergie"; wenn Sie Ihrer Sache nicht sicher
  sind, kann es geschehen, daß Sie versuchen - unbewußt natürlich -,
  diese Unsicherheit mit vielen Worten zu überdecken. Stoppen Sie
  diesen Wildwuchs des rhetorischen Unkrauts, damit nicht das wesentliche Pflänzchen Ihrer Aussage überwuchert wird.

Niemand „schändet" seine Zuhörerschaft mehr als der pausenlos
redende Wichtigtuer, der Wiederholer („Wie ich vorhin schon erwähnte ..."), der „rhetorische Wanderer", der Übervorsichtige und
detailversessene Genauigkeitsfanatiker.

Außerdem, und das ist ein Aspekt, der viel zu wenig berücksichtigt
wird, kostet dieses Gerede, Tausende von Mann-Stunden und DM.
Wenn heute schon über Lean und Slim in Produktion und Verwaltung soviel Aufhebens gemacht wird, warum achtet man dann so
wenig auf „Effizienz am runden Tisch"? Dort wären, wenn wir die
Hälfte aller betrieblichen Sitzungen („Ausschuß"-Sitzungen!!) streichen, ungeahnte Kosteneinsparungen sehr schnell möglich! Aber
dazu wird es wohl kaum jemals kommen, denn für viele ist es geradezu ein Statussymbol, in einer Art „imagebildender Geschäftigkeit" von Sitzung zu Sitzung zu eilen und das „Sitzfleisch über das
Gehirn triumphieren zu lassen".

Wenn Sie bei sich selbst feststellen, daß Sie wahrscheinlich zu lange, zu ausführlich, zu ungenau reden, dann stellen Sie sich zur Ab-
hilfe dieses Übels einfach vor, Sie führten ein Ferngespräch zu Ta-
gestarifen nach Übersee! Das wird Ihnen sicher dann den „Trend
zur Kürze und Genauigkeit" näherbringen!

- *Sprechen Sie laut genug, um überall deutlich gehört zu werden!*
  Das gilt ganz besonders, wenn Sie bisher nur vor kleinen Gruppen
  und wenigen Menschen gesprochen haben. Zudem werden Sie,
  falls Sie nun vor einem großen Auditorium reden müssen, Lampen-

fieber haben. Wir glauben, daß es dafür eine ganz einfache Lösung gibt: Konzentrieren Sie sich darauf, lauter zu reden, und Ihr Lampenfieber wird von selbst verschwinden!

• Und noch einmal: *Sprechen Sie langsam!* Erinnern Sie sich daran, daß wir vorne im Buch empfohlen hatten, die Sprechgeschwindigkeit solle 2,5 Wörter je Sekunde nicht überschreiten?! (Vgl. S. 40)

Um Ihre richtige Sprechgeschwindigkeit zu finden, schlagen wir Ihnen folgende Übung vor:

Suchen Sie in einem (Fach-)Buch eine Passage heraus, über deren Inhalt Sie eventuell eines Tages referieren müssen. Zählen Sie ungefähr 500 Worte ab, indem Sie die Wortanzahl dreier aufeinander folgender Textreihen auszählen, die Menge durch drei teilen und so an die durchschnittliche Wortmenge pro Zeile kommen. Dann zählen Sie die Zeilen, um auf 500 Worte zu kommen.

Lesen Sie nun laut und stoppen Sie die Zeit! Lesen Sie mit Ihrer normalen Sprechgeschwindigkeit. Ein guter Mittelwert, den Sie erreichen sollten, liegt bei 130 bis 165 Worten in der Minute. Und wie war Ihr Ergebnis? Waren Sie schneller? Dann arbeiten Sie daran, langsamer zu werden!

Das heißt jedoch keinesfalls, daß Sie die Sprechgeschwindigkeit konstant halten müßten; nein, erst die Variation der Geschwindigkeit, mal langsam, geradezu beschwörend, mal wieder schneller, erzeugt Zuhör-Interesse! Bei schwierigen Sachverhalten, Fakten und Zahlen zum Beispiel, verlangsamen Sie. Bei einfachen Sachverhalten beschleunigen Sie wieder! Und immer sollte der generelle Durchschnitt bei 130 bis 165 Worten pro Minute liegen!

• *Verbannen Sie Füll- und Flicklaute (Accoustic Airpollution)! Verbannen Sie rhetorische Urlaute:*

„Ähhh ...", „Mh ..."

„Ja, ähm ...", „Ich denke, öhm ..."

Niemand hat ein Interesse daran, derartigen Nonsense-Geräuschen oder Psychofloskeln, wie dem inflationär benutzten „Ich denke, ...", zu lauschen. Nehmen Sie als Übung einmal eine Unterhaltung mit einer Ihnen nahestehenden Person auf Tonband auf, um Ihre eigenen „Macken" dieser Art zu erkennen. Glauben Sie uns, wenn Sie diese Floskeln in dem aufgenommenen Gespräch verwenden, dann verwenden Sie sie auch beim Sprechen vor anderen Menschen. Bitten Sie einen guten Freund, Sie durch ein dezentes Zeichen darauf hinzuweisen, daß Sie gerade wieder Füll- und Flicklaute benutzen!

- Vermeiden Sie *Killerphrasen!* Es sind billige, hingeworfene Standardeinwände ohne Sinn und Verstand! Nach dem Motto: „Weil das Denken so schwer ist, ziehe ich es vor, zu urteilen." Meist werden sie mit der Attitüde großer Souveränität „abgesondert" und sind doch nichts anderes als Wortblähungen! Sie wollen einige Beispiele? Sollen Sie haben! Hier sind einige „Prachtexemplare", die Sie einsetzen müssen, wenn Sie alle Hörer gegen sich aufbringen wollen:

„Als ich in Ihrem Alter war, habe ich auch immer ..."

„Und wie viele Male habe ich Ihnen nicht schon gesagt, ..."

„Ich weiß doch ganz genau, was Sie denken ..."

„Das geht vielleicht in USA, aber bei uns sind die Verhältnisse doch ganz anders!"

„Die Konkurrenz lacht sich tot, wenn die hört, was wir vorhaben."

„Das haben wir doch 1968 schon mal versucht, und da leiden wir heute noch drunter."

„Wir wollen noch eine Weile darüber nachdenken und die Entwicklung zunächst ganz genau beobachten."

„Wir müssen aber auch den Europäischen Binnenmarkt berücksichtigen."

„Das versuchen Sie mal bei unseren Kunden und unseren Mitarbeitern."

„Das ist zu teuer, dazu haben wir kein Geld im Budget, dazu haben wir nicht die Zeit, und das geht sowieso nur in einem ganz großen Unternehmen!"

„In der Theorie haben Sie gewiß recht, meine Damen und Herren, aber lassen Sie mich mal sagen, in der Praxis sehen die Dinge doch ganz anders aus!"

„Wir wollen vielleicht ein anderes Mal darüber reden."

- Benutzen Sie für Ihre Redebeiträge Worte, die *„verkaufen"*; und nicht Worte, die negativ besetzt sind. Das erste Wort, das „verkauft", ist der Name Ihres „Kunden", was wohl leicht einzusehen ist! Der eigene Name besitzt für die meisten Menschen den schönsten Klang. Sie sollten unbedenklich im Laufe Ihres Redebeitrages hin und wieder jemanden im Auditorium namentlich anreden.

Worte, die „verkaufen"	Worte, die nicht „verkaufen"
Verstehen	Kosten
Gesundheit	bezahlen
Garantie	Sorgen
Liebe	verlieren
Wahrheit	schwierig
Stolz	verpflichtet
Vertrauen	Verbindlichkeit
Geborgenheit	Verlust
Komfort	versagen
Gewinn	Unterlassung
glücklich	hart
Wert	unterschreiben
Sie und Wir	Tod
Sicherheit	Krankheit
Vorteil	Nachteil
positiv	negativ
Nutzen	Einschränkung
Spaß	Trauerarbeit
Entdeckung	unauffindbar
lebensnotwendig	völlig überflüssig

- *Verankern Sie Ihre Ausführungen im Gedächtnis Ihres Zuhörers!* Im Dale Carnegie-Training gibt es eine Gedächtnishilfe, die mit den Worten IRA arbeitet: I steht für Impression, R für Repetition und A für Association. IRA kann dabei helfen, Ihre Aussagen für das Publikum erinnerbarer zu machen:

  - *Impression:* Stellen Sie klar, daß die Zuhörer wissen, warum Ihre Ausführungen wichtig sind! Welche Vorteile werden sie aus Ihren Worten ziehen? Was bedeuten sie für die Zuhörer persönlich?

  - *Repetition:* Wenn Sie wollen, daß sich Ihre Zuhörerschaft erinnert, dann wiederholen Sie Ihre Grundaussagen immer wieder in leicht veränderter Form!

  - *Association:* Starten Sie Ihre Ausführungen mit einem dem Zuhörer vertrauten Stoff. Verankern Sie dann Ihre weiteren Ausführungen mit etwas, dem die Zuhörer zustimmen oder das ihnen bekannt ist. Dann erst begeben Sie sich auf neues Terrain!

- Der Freiburger Literaturwissenschaftler Prof. Uwe Pörksen beschreibt in seinem Buch „Plastikwörter" die verbalen Vorboten einer schönen neuen Zeit: Scheinbar mit neutraler Bedeutung ist ein eigentümliches Wortgeklingel in die Sprache eingezogen, das Sie, wenn Ihnen jemand interessiert zuhören soll, unbedingt vermeiden müssen. Diese Plastikwörter sind nicht neu in ihrer Erscheinung, sondern neu in ihrer Gebrauchsweise. Solche Begriffe lesen und hören wir tagtäglich: Information, Kommunikation, Faktor, Handlungsbedarf, Fortschritt, Kreativität, Struktur, Produktion, Prozeß, Energie, Sexualität oder auch Elektronik. Das sind zunächst und ursprünglich Begriffe aus der Wissenschaft, aus Universität und Verwaltung. Dort hatten sie ihre Heimat und ihre berechtigte Bedeutung.

Als Nachwehen der 1968er Jahre sind sie in unsere Alltagssprache gekrochen und scheinen ihr tiefen Sinn und Bedeutung zu verleihen. Nicht wahr, das kennen Sie doch auch: „In der Struktur meiner Sexualität mangelt es nicht an Kreativität", sagt Ihr bester Freund zu Ihnen, und Sie vermuten zu erkennen, was er meint. Daher antworten Sie ihm verständnisvoll: „Du, Mickey, da hab' ich eigentlich gar keinen kommunikativen Handlungsbedarf!" - Gewiß übertrieben! Aber in manchen Lebensbereichen schon lange Realität; denken Sie nur an die Sprache der Politiker, und Sie wissen sofort, warum denen kaum noch jemand zuhört, geschweige denn, sie versteht: Nehmen wir einige unserer oben genannten Plastikwörter und bauen mit ihnen eine Matrix:

	Faktor	Struktur	Prozeß	Handlungs-bedarf
Kreativität	Kreativi-tätsfaktor			
Kommu-nikation		Kommuni-kations-struktur		
Information			Informations-prozeß	
Politik				politischer Handlungs-bedarf

So, damit haben Sie das Grundgerüst Ihrer nächsten politischen Rede, bei der alle meinen, Sie verstanden zu haben, Ihnen nach 20 Minuten, wenn es hochkommt, kein Mensch mehr zuhört und Sie eventuell noch in der Zeitung zitiert werden! Sie brauchen jetzt aus der Matrix nur noch je nach Situation je ein Wort aus Reihe und Spalte zu kombinieren, und Sie sind rhetorisch perfekt:

Der *Kreativitätsfaktor* in unserer Gesellschaft ist gering ...

Die *Kommunikationsstruktur* der Bürger im Lande ...

Der *politische Handlungsbedarf* in der Informationsstruktur ...

Politiker setzen diese Sprache (fast ein Orwellsches „Neusprechen") ganz bewußt ein, wenn sie bestimmte Sachverhalte manipulativ unter die Leute bringen wollen. Soll die Republik verkabelt werden und jeder auf der „Datenautobahn" fahren können, formuliert man das einfach so: „Im Zeitalter unserer Informationsgesellschaft müssen wir, um Arbeitsplätze zu sichern und Kaufkraft zu schaffen, die Information an sich auch als Produktionsfaktor berücksichtigen!" Wahrscheinlich ist es bei einem derartigen „Unsinn" schon wieder angesagt, sehr genau zuzuhören, weil die Manipulationsabsicht beinahe überdeutlich ist!

• Lenken Sie das Denken und Hören Ihres Auditoriums durch den Einsatz *visueller Hilfsmittel!* Sie wissen es aus eigener Erfahrung und haben den Spruch sicherlich schon oft gehört: „Ein Bild sagt mehr als tausend Worte." Wir Menschen sind primär „Augentiere" und bekommen täglich immense „Augenbeute" (optische Informationen) vorgeworfen. Wahrscheinlich müssen wir erst einmal blind werden, um gewahr zu werden, was wir an „Ohrenbeute" bislang vernachlässigt haben. Denn von gehörten Informationen behalten wir vielleicht 20%; Hören und Sehen einer Information läßt uns dagegen an die 50% der aufgenommenen Informationen behalten!

Denken Sie doch einmal, Sie müßten die Fernsehnachrichten um 20.00 Uhr nur vorgelesen hören; wieviel würden Sie behalten? Deswegen werden diese Nachrichten immer mit Hintergrundbildern oder Filmen angereichert, um besser „in Ihren Kopf" zu kommen.

Visuelle Hilfen ermöglichen es Ihnen, die Zuhörer besser zu erreichen, und vermögen:

– Interesse zu wecken

– zum Mitdenken und Mitreden anzuregen

– Mißverständnisse zu vermeiden

– zu überzeugen

– gezielte Aufmerksamkeit zu erregen

– Zeit für Erklärungen zu sparen

– Ideen zu verstärken

– Humor und Gelächter zu erzeugen (Comics, Karikaturen)

– die Glaubwürdigkeit einer Aussage zu verstärken und

– schwierige Sachverhalte besser zu erklären.

Wollen Sie sich über Visualisierungsmöglichkeiten informieren, so verweisen wir auf folgende Bestseller aus dem GABAL-Programm:

– M. Kirckhoff, Mind Mapping

– I. Svantesson, Mind Mapping und Gedächtnistraining

– J. W. Seifert, e.a., Visualisieren-Präsentieren-Moderieren

- Last but not least denken Sie an Ihre *Körpersprache*. Denn: „Erst wirkt die Person, dann das gesprochene Wort." Und auch: „Sie bekommen nie eine zweite Chance, einen ersten Eindruck zu hinterlassen." Gerade Ihre Körpersprache - denn „Du bist Dein Körper", wie A. Lowen sagt - kann Ihr Auditorium positiv und auch negativ stimmen. Schärfen Sie Ihr Bewußtsein dafür und bedenken Sie folgende Verhaltensweisen:

– Machen Sie, wann immer es geht, ein freundliches Gesicht; *lächeln Sie mehr als andere* (genannt: die „LMAA"-Regel!). Die Chinesen sagen: „Wer nicht lächeln kann, soll kein Geschäft eröffnen!" Und Sie wissen selbst, wie ablehnend ein therapeutisches Pokerface und wie sympathisch ein offenes freundliches Gesicht wirkt.

– Bleiben Sie ruhig und souverän, wenn Fragen aus dem Auditorium an Sie gerichtet werden; tänzeln Sie nicht von einem Fuß auf den anderen und zeigen dadurch Ihr Unwohlsein.

– Offene, aber nicht starr nach vorne gestreckte Arme laden den Zuhörer zum Dialog mit Ihnen ein .

– Verwenden Sie eine positive Gestik, das sind Arm-, Hand- und Fingerbewegungen. Mindestens sollten sich Ihre Arme im „positiven Bereich" bewegen, das heißt im Bereich zwischen Taille und Schultern.

– Stehen Sie nicht in zu weiter Distanz vor Ihrem Auditorium! Wenn es zulässig ist, können Sie sich auch während Ihres Redebeitrages in die Zuhörerschaft begeben. Aber „rücken Sie den Leuten nicht zu sehr auf die Pelle", wenn Sie mit Ihnen noch nicht vertraut genug sind.

– Lassen Sie aus allen körpersprachlichen Einzelheiten ein Muster erkennen, das zeigt: „Ich stehe zu meinen Worten, ich akzeptiere Sie und Ihre Einstellung, lassen Sie uns miteinander arbeiten!"

Wer von Ihnen diese Regeln, diese Empfehlungen einhalten kann, wird ganz gewiß vom zuhörenden Partner einen Sympathiebonus erhalten. Und ist das nicht der Mühe wert?

Literatur:

Pörksen, Uwe, „Plastikwörter" - Die Sprache einer internationalen Diktatur, Klett-Cotta 1992

*Warum haben junge Menschen
der westlichen Welt nur
das durchschnittliche Hörvermögen
70jähriger Afrikaner??*

12. Das gequälte Organ - Wunderwerk Ohr

Absicht des Kapitels:

- Erkennen, wie lärmgefährdet wir sind.
- Die Funktionsweise des Ohres erfahren.
- Schallwirkung auf Gesundheit und Wohlbefinden einsehen.

Im Laufe der Jahrmillionen hat die Natur ein Organ geschaffen, dessen Funktionsweise an Wunder grenzt. Unsere Augen sind schon phantastisch in ihrer Empfindlichkeit, aber das Ohr reagiert vergleichsweise 10mal empfindlicher.

Im Laufe der Evolution war es für den Menschen überlebenswichtig, den Höhlenbären, den Säbelzahntiger, den heranschleichenden feindlichen Krieger und heute das herannahende Auto rechtzeitig wahrzunehmen; denn wenn ich die Bedrohung erst einmal sehe, kann es schon zu spät sein.

Aufgabe des Ohres ist es, Schallwellen zu Erregungen in den Nervenbahnen umzuwandeln. (Bitte betrachten Sie bei den nachfolgenden Beschreibungen die dazugehörige Schnitt-Zeichnung des Ohres!)

Die Schallwellen gelangen zunächst zum Trommelfell und versetzen dieses in Schwingungen. (Nur nebenbei: Haben Sie eine Vorstellung davon, welchen Schalldruck das Trommelfell bei einer Ohrfeige, einem Walkman oder einem Disco-Besuch ertragen muß?!?)

Sodann übertragen die Gehörknöchelchen - Hammer, Amboß und Steigbügel - die Schwingungen des Trommelfells auf die flüssigkeits-

105

gefüllte Schnecke des Innenohres. Sie besteht aus drei nebeneinander aufgerollten Röhrchen, die voneinander durch Membranen getrennt sind.

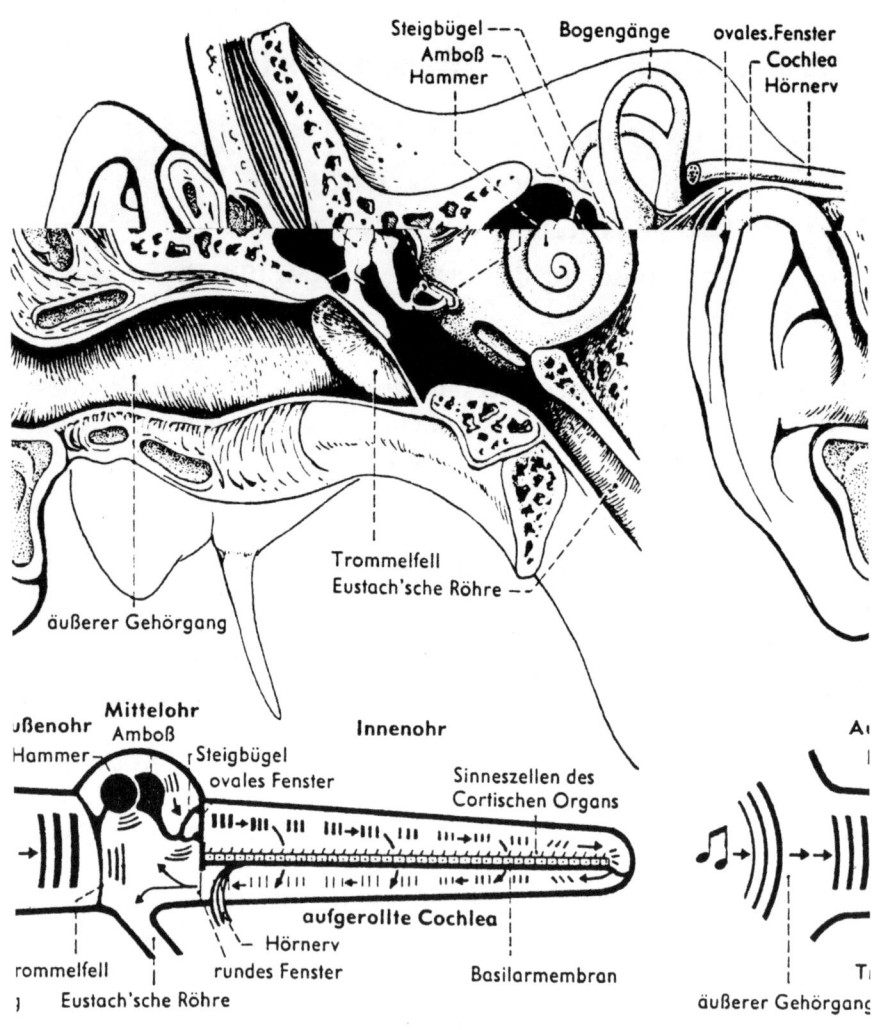

Die Flüssigkeit schlägt je nach Tonhöhe kurze oder lange Wellen im Inneren der Schnecke. Die trennenden Häute schwingen im Takt dieser Wogen mit. Auf einer dieser Häute - der Basilarmembran - sitzen feine Härchen mit Nervenzellen.

Diese Härchen erfahren durch die Schwingungen eine Ablenkung (eine mechanische Verbiegung um weniger als den Durchmesser eines Wasserstoffatoms!!), die zur Erregung der Zellen führt, quasi zu einem Generatorpotential, welches ein elektrisches Signal in den Fasern des Hörnervs (etwa 30 000 bis 40 000 einzelne Nervenfasern) auslöst, über den die Impulse dann zum Gehirn geschickt werden.

Noch sind die komplexen Vorgänge im Gehör nur teilweise aufgeklärt. Zu der komplexen Mechanik des Ohrs kommen die raffinierten Schaltungen, mit denen das Netzwerk der Nervenzellen im Gehirn die empfangenen Signale interpretiert.

Und auch dieses neuronale Netz scheint selbst ein schwingungsfähiges System zu sein. Die diversen „akustischen Gebiete" des Gehirns sind ebenfalls noch zu wenig erforscht; wir wissen nur, daß beispielsweise im täglichen Leben Augen und Gehör sich vorzüglich ergänzen. Das Ohr ist in diesem Falle der „Eyecatcher", es lenkt die Aufmerksamkeit der Augen auf die Informationsquelle.

Das menschliche Ohr kann Schallschwingungen von 16 bis etwa 20 000 Hertz (Schwingungen pro Sekunde) wahrnehmen.

Die *Lautstärkeempfindung* hängt nicht nur vom Schalldruck, sondern auch von der Frequenz, also von der Tonhöhe, ab. Mit zunehmendem Alter vermindert sich die obere Hörschwelle, d.h., man kann die sehr hohen Töne nicht mehr wahrnehmen. Umfangreiche Untersuchungen erbrachten ganz bestimmte Beziehungen zwischen dem physikalischen Schalldruck und der subjektiv empfundenen Lautstärke.

Für unseren Aspekt des Hörens wichtig sind *Sprachverständlichkeit* und die *Wirkungen von Schall auf die Gesundheit* und auf das Wohlbefinden sowie Probleme, die am Arbeitsplatz durch Störungen oder Belästigungen bei Lärm und Geräuschen auftreten.

Lärmwirkung auf den Menschen:

dB (A)	Faktor über Hörschwelle		Beispiel		
0	-		Denken, Feder fliegt/fällt		
1	Hörschwelle		–		
10	10		Laub, Computer-Festplatte,		
20	10^2		Mücke, Uhrticken		
30	10^3		Flüstern, leichter Wind		
40	10^4		Vögel, Kammerton-Gespräch		
50	10^5		leichte Radiomusik		
60	10^6		Normalgespräch		
70	10^7		Büro ohne Schallschutz, Straßenverkehr, Platzregen		
80	10^8		starker Verkehr, Moped, Meeresbrandung		
90	10^9		Maschinensaal, Gewitter, im Inneren einer alten U-Bahn		
100	10^{10}		Autohupe, Exzenterpresse, Orkan		
110	10^{11}		Preßlufthammer aus 1m, Kreissäge		
120	10^{12}		Niethammer aus 1m, Wasserfall		
130	10^{13}		Düsentriebwerk aus 5m		

	Wirkung auf den Menschen
0	–
Leiser Bereich	Das ist der Geräuschpegel am Arbeitplatz bei Tätigkeiten, für die Konzentration, Aufmerksamkeit und hohe Verantwortung gefordert sind! Unter Umständen Förderung von Monotonie-Einwirkung (Deprivation).
Belästigung	Behinderung von Verständigung, Belästigung und unerwünschte psychische Wirkungen. Ab 55dB - Nachtlärm und ab 65dB - Tageslärm 20% höheres Infarktrisiko.
Schädigung	Gehörschutzlärmauflagen, Gefährdung des Gehörs nach Arbeitsstätten - Verordnung, Gehörschäden bei längerfristiger Einwirkung und unerwünschte physiologische Wirkungen.
	Gehörschäden bei kurzfristiger Einwirkung

109

- Damit die Sprachverständlichkeit erhalten bleibt, muß der Schallpegel der Sprache mindestens 10 Dezibel über dem Pegel von Hintergrundgeräuschen liegen. Dezibel (A) - abgekürzt dB (A) - bedeutet, daß in einem Meßgerät die von der Tonhöhe abhängige Empfindlichkeit des menschlichen Gehörs (nach einer mit A gekennzeichneten Bewertungskurve) berücksichtigt ist.

- Schallwirkungen auf Gesundheit und Wohlbefinden treten bei Lärm großer Intensität (über 80 Dezibel) in Form von Gehörschäden auf (Lärmschwerhörigkeit). Das entspricht etwa dem Lärm eines Rasenmähers. Dann steigt nämlich das Risiko, daß die Sinneshärchen im Innenohr zusammenkleben und die Hörzellen absterben. Der Ausfall ungefähr der Hälfte von ihnen führt noch zu keinen merklichen Hörverlusten. Werden es jedoch mehr, gibt es kein Waldesrauschen und Fliegensummen mehr.

- Den gesamten Hörbereich von 0 dB bis 130 dB und den Einfluß auf Gesundheit und Hörvermögen ersehen Sie sehr deutlich aus der Darstellung auf Seite 109-110.

- Ein herausragendes Problem sind die *psychologischen Lärmwirkungen:* Ein und dieselbe Schallsituation kann bei verschiedenen Menschen gegenteilige Wirkungen hervorrufen. Anschauliches Beispiel ist das Geräusch einer Säge, das dem Sägereibesitzer sehr angenehm erscheint (er verdient ja Geld damit!), das für die sensible Nachbarin aber unerträglich ist.

- Von den meisten Menschen wird auch völlige Stille als unangenehm und bedrückend erlebt. Ein niedriger Hintergrundschallpegel (auch ein speziell eingespieltes industrielles „white noise", also ein leichtes Rauschen) begünstigt dagegen Aktivität und Aufmerksamkeit.

Über die Wirkungen von Musik bei der Arbeit, die man gar nicht mehr bewußt wahrnimmt, liegen nicht ganz einheitliche Ergebnisse vor. Zusammenfassend läßt sich aber aus den vorliegenden Untersuchungen sagen: Musik im Arbeitsraum hat dann positive Wirkungen auf das Wohlbefinden und auf die Arbeitsleistung,

- wenn die Arbeit nicht besonders aktivierend und psychisch beanspruchend ist,

- wenn die Musik nicht dauernd, sondern jeweils nur für 15 bis 20 Minuten mehrmals während des Arbeitstages eingespielt wird und

- wenn alle Personen im Raum mit der Musikdarbietung einverstanden sind.

Sicher ist auch, daß man durch Musik bei der Arbeit nicht unangemessene Arbeitsplatzgestaltung, wie Lichtmangel, falsche Arbeitsflächenhöhen oder schlechte Stühle, kompensieren kann!

Und der erste Lärmbericht des ehemaligen Bundesgesundheitsamtes (BGA) in Berlin bestätigt uns mit folgenden Ergebnissen:

Die Häufigkeit der Innenohrschäden bei Jugendlichen ist im Laufe der achtziger Jahre auf das Doppelte angestiegen. Der Lärm aus dem Walkman hat dabei den Krach in Diskotheken als Ursache abgelöst.

Nach Schätzung der Behörde gehen zwei Prozent aller Herzinfarkte auf das Konto von nächtlichem Straßenlärm. Der Körper reagiere auf Krach im Schlaf unbewußt mit Streß, was die Erholung mindere.

Lärm im Büro beeinträchtige vor allem das Kurzzeitgedächtnis.

Das lärmbedingte Herzinfarktrisiko sei wesentlich größer als das asbestbedingte Lungenkrebsrisiko. Trotzdem würde mehr für die Asbestsanierung als für die Lärmminderung ausgegeben.

Literatur:

1. Lärmbericht des **Bundesgesundheitsamtes (BGA)**, Berlin 1992, Auswertung 400 internationaler Studien zum Thema „Lärm"

Wie klingt Ihr Arbeitsplatz?
Wie klingt Ihre Heimatstadt?

13. Akustik-Ökologie oder Klang-Ökologie - eine neue Wissenschaft?

Absicht des Kapitels:

• **Nehmen Sie die Akustik-Ökologie ernst!**

• **Achten Sie auf die Geräusche, die Sie täglich umgeben!**

• **Ist Klang-Archäologie nicht faszinierend!**

Das Ohr ist eigentlich dasjenige Sinnesorgan, das den Menschen am stärksten mit seiner sozialen Umwelt verbindet. Dennoch scheinen wir die Bedeutung des Gehörs beim Wahrnehmen unserer Umwelt fast völlig zu mißachten! Vielleicht aber ist eine neue wissenschaftliche Disziplin in der Lage, uns der Umwelt mehr als bisher bewußt zu werden.

In dankenswert engagierter Weise bemüht sich in Deutschland Klaus Wittig durch Hörspaziergänge in belebten Innenstädten und entsprechende Publikationen der „Akustischen Ökologie" eine Bresche zu schlagen: *„Das Ganze hat mit der Überlegung zu tun, daß wir die Beziehung zu unserer Umwelt dadurch verlieren, daß wir einen Teil unserer Sinne verlieren, daß bestimmte Qualitäten der Wahrnehmung verlorengehen."* Und: *„... auch Klänge muß man als etwas Schützenswertes begreifen, denn gerade in diesem Jahrhundert hat sich die Klanglandschaft sehr stark verändert."*

In einem Artikel in „Die Zeit" vom August 1993 mit dem Titel „Wie das Leben so klingt" bringt Klaus Wittig uns die neue Disziplin Klangökologie näher:

„Begonnen hat alles vor 25 Jahren im stillen, genauer: im Kampf um die Stille. Der Komponist und Pädagoge Murray Schafer beteiligte sich an der Diskussion um Lärmschutzmaßnahmen in Van-

couver. Er wußte, daß selbst musikalisch trainierte Menschen ihr Gehör selektiv benutzen: Die nützlichen Geräusche werden beachtet, die unbrauchbaren ausgeblendet ... Er gründete das World Soundscape Project (WSP) und machte sich auf die Suche nach den erhaltenswerten Klängen dieser Welt. Er prägte den Begriff soundscape = akustische Landschaft für das, was er untersuchte, und stellte im Alleingang eine neue Terminologie auf, um die Komplexität der Lautsphäre des Planeten beschreiben zu können.

Das Leben klingt - sei der Klang nun natürlich oder künstlich. Und manche Klänge drohen für immer zu verschwinden. Wer vermag zu sagen, welcher Klangreichtum bereits mit dem Aussterben jeder einzelnen Vogelart verlorengegangen ist? Waren die Klänge der unmittelbaren Umgebung nicht von jeher - auch heute noch, man hört es deutlich! - der Ursprung der Musik des Menschen, der nachahmt, was er hört? ...

Der auffälligste Unterschied zwischen verschiedenen Soundscapes ist der zwischen Stadt und Land oder Zivilisation und Natur. ...

Die Stadt ist nicht einfach nur lauter, sie ist anders, da der Grundpegel ihrer Geräusche die Lautsphäre stark verdichtet. Einzelne Signale treten weniger klar aus dem akustischen Hintergrund des Straßenverkehrs hervor.

In dünnbesiedelten Landstrichen dagegen kann noch jedes einzelne Auto ein Ereignis sein; der murmelnde Bachlauf, der Hahnenschrei oder das Geläut der Kirchenglocken - sie erheben sich klar und deutlich aus der Stille. „High fidelity" sagt Murray Schafer dazu, weil man bei allgemeiner Stille noch den Grundklang eines Ortes von den Signalen, die Signale noch von besonderen Signalen (sound marks oder Orientierungslauten) unterscheiden kann. Auch eine Stadtlandschaft kann jedoch ihre akustischen Reize haben. London unterscheidet sich von Paris in etwa so: Verkehrsrauschen, Autohupen und Big Ben - in einer Vielzahl von Klängen, die alle ihre kleinen Besonderheiten haben.

Schafer und sein Nachfolger im World Soundscape Project an der Simon Fraser University, Barry Truax, untersuchten ländliche Lebensräume, die akustisch weitgehend intakt waren, und konnten zeigen, wie sehr menschliche Gemeinschaften akustische Gemeinschaften sind: Klänge verbinden die Menschen miteinander. Unter den Geräuschglocken der Städte geht viel davon verloren. Lärm und die mediale Berieselung isolieren das Individuum akustisch von seiner Gemeinschaft. Die mag zwar größer geworden sein, aber der donnernde Jet am Himmel sagt nichts über die Menschen, die in ihm sitzen.

Schafer zufolge bleibt Lärmgesetzgebung unzureichend ohne die Beachtung des größeren auditiven und akustischen Kontextes, in dem sich Lärm verbreitet. Er fordert akustische Gestaltung: Eine Aufgabe für Architekten, Städteplaner und nicht zuletzt für Musiker, das Hören in einer intakten, klaren und möglichst stillen Lautsphäre wieder möglich zu machen.

Jenseits der herkömmlichen akustischen Wissenschaften wie Wahrnehmungspsychologie und Psychoakustik entwirft Murray Schafer die Themen weiterer Disziplinen: einer akustischen Soziologie, einer akustischen Geschichtsforschung, einer akustischen Ökologie. Es sind bisher nur wenige, die sich mit dem Lautgeschehen der Biosphäre beschäftigen: In Basel leitet Justin Winkler eine Forschungsgruppe für akustische Geographie, die sich der Erforschung der Klangwelten entlegener Schweizer Bergtäler widmet.
In Japan untersuchte Yu Wakao die jahrhundertealte Tradition akustischer Gartengestaltung, Keiko Torigoe rekonstruierte die Soundscape des Hauses in Taketa, in dem der ‚japanische Mozart‘ Rentaroh Taki Ende des vorigen Jahrhunderts seine Jugend verbrachte.“

Klaus Wittig berichtete in dem besagten „Zeit“-Artikel auch von Steven Feld, einem Musikanthropologen in Austin, Texas, der drei Jahre im Urwald Neuguineas verbrachte und die noch ursprünglich erhaltene Kultur der Kaluli studierte. *„Was er herausfand, sprengt die*

Grenzen der traditionellen Musikwissenschaft ebenso wie die der Ethnologie. Die Kaluli ahmen nicht nur die vielen ungewöhnlichen Geräusche des tropischen Regenwaldes nach, sie haben sich die Klänge und Klanggesetze ihrer Umgebung zu eigen gemacht: „Über den Klang heben" heißt eines ihrer Worte, und es beschreibt die endlose Überlagerung und Überlappung von Geräuschen und Tönen des Urwaldes. Akustische Geographie? Karten kennen die Kaluli nicht, aber die Raumgestalt ihrer Umgebung, die einzelnen Vögel und Tiere, Orte und Zeiten, Ereignisse der Vergangenheit und die Menschen, die sich in dieser Raum-Zeit bewegen, haben sie genau im Kopf und können sie mitteilen: In ihren Liedern haben sie alles gespeichert und nehmen täglich Neues in ihr gesungenes kollektives Gedächtnis auf.

Dies sind Beispiele von Forschungsarbeiten, die akustischen Eigenschaften von Lebensräumen in ihrer Wechselwirkung mit dem Leben der jeweiligen Bewohner nachgehen. Freilich sind bisher nur wenige Städte systematisch von der Lautsphären-Forschung untersucht worden, und bislang hat sich die Handvoll Komponisten und Klangenthusiasten auch kaum um eine politische Umsetzung ihres Anliegens gekümmert."

„Vielleicht kommt das akustische, das „Ohrendenken" eher auf leisen Sohlen daher", meint Wittig. *„Das wichtigste Gebot der ‚akustischen Ökologie' lautet: hören, wahrnehmen, aufmerksam und sensibel sein für die eigene Umgebung. Vielleicht braucht es ja weder Wissenschaft noch eine Bürgerbewegung, die Klänge und die Stimmung der Welt zu erhalten!"*

Ein weiteres Beispiel einer ganz jungen Forschungsdisziplin möchten wir Ihnen zum Abschluß dieses Kapitels noch vorstellen: Haben Sie schon einmal von *Klangarchäologie* gehört? Ja, Sie haben richtig gelesen, Klänge des Altertums wieder hörbar machen!

Wie soll das denn gehen, fragen Sie erstaunt und zu Recht. Die Grundidee ist verblüffend einfach: Vielleicht gibt es ja antike

Tonaufzeichnungen in der Art der ersten Schallwalzen oder Schallplatten auf Wachsmatrizen, von deren Existenz wir gar nicht wissen?

Stellen Sie sich vor Ihrem geistigen Auge einmal folgendes Szenario vor:

Der altgriechische Töpfer Ergotimos sitzt in seiner Werkstatt; wir befinden uns im Jahre 401 vor Christi Geburt. Vor ihm auf der sich schnell und gleichmäßig drehenden Töpferscheibe bearbeitet er eine klassische Halsamphore, harmonisch ausgeglichen ist sie in Weite und Höhe. Im Wohlgefühl, wieder ein gelungenes Werk geschaffen zu haben, singt er Göttin Diana zu Ehren ein Lied mit wohltönender Stimme. Er weiß nicht, daß wir im Jahre 1995 gerade dieses Gefäß aus einem im Sturm vor der kleinasiatischen Küste untergegangenen antiken Kriegsschiff bergen werden! Und gerade an diesem Gefäß machen wir unseren klangarchäologischen Versuch!

Die Hypothese dabei ist: Es könnte sein, daß bei der Vollendung der Vase der Töpfer, während die Vase sich drehte und er dabei sang oder mit jemandem sprach, mit dem von oben nach unten zum Fuß der Vase geführten Werkzeug wie mit einem Aufzeichnungsgerät eine Tonspur in die Vase gezogen hatte!! (Wie bei der Herstellung der ersten Schallplatten, bei der die Tonspur in eine Wachsmatrize gepreßt wurde.)

Uns ist bekannt, daß verschiedene Institute durch Laserabtastungen an rotierenden antiken Gefäßen versuchen, diese These zu verifizieren. Ein antikes Gefäß als Tonträger? Warum nicht? Warten wir es ab!

Literatur:

Wittig, Klaus, Wie das Leben so klingt, „Die Zeit", August 1993

*Mit Musik
geht alles besser!*

14. Können Tomaten hören? - Die Macht der Musik

Absicht des Kapitels:

- **Welche Musik läßt Sie „wachsen"? Soll heißen, welche Musik bereitet Ihnen Wohlbehagen?**
- **Haben Sie Grünpflanzen in der Nähe der Stereoanlage? Und wie sehen sie aus?**
- **Übt Musik Macht auf Sie aus?**

Der französische Physiker und Musiker Joel Sternberger, der an der renommierten amerikanischen Universität von Princeton Quantenphysik und Mathematik studierte, stellte vor einiger Zeit einen ungewöhnlichen Patentantrag: *„Er möchte sich bestimmte Melodien schützen lassen, von denen er zu wissen glaubt, daß sie Pflanzen zum Wachstum anregen!"*, so meldet es das britische Wissenschaftsmagazin „New Scientist".

Sternberger komponiert die Melodien, indem er die Quantenvibrationen, die beim Zusammensetzen des Proteins aus einzelnen Aminosäuren entstehen, in hörbare Schwingungen überträgt. Er erklärt: *„Jeder Ton ist ein Vielfaches der Original-Frequenzen, die beim Einbau der Aminosäuren in die Proteinkette entstehen; die Länge des Tons entspricht der Dauer dieses Vorgangs. Hören die Pflanzen die richtige Melodie, produzieren sie mehr von dem entsprechenden Protein."*

Grundlage für diese Art Musik des Physikers also ist die Struktur der Eiweißmoleküle, die sich aus 20 verschiedenen Aminosäuren aufbauen. Der Wissenschaftler ordnete jeder dieser Säuren eine bestimmte Note zu. Die fertige Melodie entspricht einem vollständigen Eiweißmolekül.

Bei Sternbergers Experimenten soll sich die Musikmethode als überaus erfolgreich erwiesen haben. Sechs Melodien nach verschiedenen Eiweißmolekül-Strukturen hat er seinen Tomaten vorgespielt. Mit einer Musikberieselung von nur drei Minuten am Tag wuchsen Tomaten angeblich 2,5mal schneller und schmeckten zudem süßer.

Außerdem sei eine Infektion der Tomaten verhindert worden, indem bestimmte Virus-Enzyme musikalisch gestoppt wurden!

Seien Sie bitte vorsichtig, wenn Sie auf einem Musikinstrument diese beispielhafte Sternberger Komposition spielen; sie könnte bei Ihnen, so sagt Sternberger, zu Atemstörungen führen. Bewirken soll diese Komposition bei Pflanzen die Synthese des Enzyms Cytochrome oxydase, das für die Atmung wichtig ist.

Nicht allein der Franzose Sternberger experimentiert mit Musik, um Pflanzen besser wachsen zu lassen oder Kühe zur Abgabe von mehr Milch zu veranlassen.

J.-E. Berendt berichtet in seinem grundlegenden Buch „Das dritte Ohr" von Experimenten der amerikanischen Biologin Dorothy Retallack in ihrem Institut in Denver, Colorado:

„Sie spielte verschiedenen Pflanzen in verschiedenen Gewächshäusern verschiedene Arten von Musik vor. Am meisten ‚liebten' die

*Pflanzen indische Musik! Danach folgte auf der ,Beliebtheitsskala'
Johann Sebastian Bach.*

*In ihrem Bestreben, die Quelle dieser Musik zu erreichen, legten
sich die Pflanzen fast in die Horizontale - mit für die betreffenden
Pflanzenarten extremen Winkeln von bis zu sechzig Grad - um den
Lautsprecher zu umranken. Sie ,haßten' Rock-Musik. (Wissen Sie
nun, warum Ihre Pflanzen nicht gedeihen? Anm. d. A.) Wenn diese
Musik erklang, wuchsen sie von den Lautsprechern fort; wenn
Rock-Musik sehr lange gespielt wurde, gingen sie ein!"*

J.-E. Berendt gibt uns für diese Phänomene Begründungen, die ungewöhnlich, aber immer glaubwürdig sind. Wir zitieren nochmal
aus „Das dritte Ohr":

*„Ich habe ... angenommen, daß dies mit der Musikart zusammen-
hängt - und das ist sicher auch weiterhin richtig -, aber könnte es
nicht auch damit zu tun haben, daß die indische Musik organisch
und kosmisch richtig gestimmt ist - auf ihr Sa, den Vater der Töne,
den Sonnenton - ein Ton, zu dem sich alles, was auf diesem Planeten geschieht, in einer seit Jahrmillionen bewährten Beziehung findet? Seit je wachsen die Pflanzen und bilden die Bäume ihre Jah-
resringe zu diesem Ton - während doch die Rock-Musik auf den
höhergezogenen Kammerton (440 Hz, oft noch höher!) gestimmt
ist, der kosmisch und biologisch keine Legitimation besitzt und
nur gewählt wurde, damit die Instrumente effekt- und glanzvoller
klingen.*

*Junge Wissenschaftler in München haben im Winter Geranien zum
Blühen gebracht, indem sie nur einmal täglich wenige Minuten
lang, bis der Ton jeweils verklungen war, eine ihrer genau auf den
Sonnenton gestimmten Stimmgabeln an den Blumentopf hielten!"*

Soweit J.-E. Berendt! Bitte machen Sie Ihre eigenen Erfahrungen.
Wir würden uns im übrigen sehr darüber freuen, wenn Sie uns Ihre
Erfahrungen und vielleicht sogar Beweise für die erwähnten Zusam-
menhänge zwischen Tönen und Wachstum wissen ließen.

Das Denken ist ein Er-Hören!

15. Exkurs: Der Mensch mit dem dritten Ohr nach J.-E. Berendt

Absicht des Kapitels:

• Sie mit einem Theorie-Ansatz des Hörens vertraut machen, der ungewöhnlich, kreativ und vielleicht gar zukunftsweisend ist.

• Sie erkennen lassen, daß wir heute in einer neuen Welt der Physik leben.

• Ihnen die Vision von einem nach außen und innen lauschenden „neuen" Menschen näherbringen.

J.-E. Berendt zeigt in seinem gleichnamigen bewundernswerten Buch „... *die - so lange - vernachlässigte Bedeutung des Ohrs und des Hörens in nahezu allen Bereichen - von der Physik bis zur Meditation, von der Anthropologie bis zur Linguistik, von der harmonikalen Grundlagenforschung bis zum Obertongesang, von der Biologie bis zur Psychologie.*"

Wir müssen uns bei den folgenden Ausführungen, seine umfassenden Gedanken, die immense Fülle seines Detailwissens und die universellen Beweise für sein Denken vernachlässigend, auf die wohl zentralen Theorieteile seines Buches beschränken, und zwar auf „Total Listening" und „Wo sitzt das dritte Ohr?".

Beginnend mit einer Darstellung der „Neuen Physik" von Einstein und Planck kommt Berendt auf David Bohm, einen amerikanischen, seit 1961 in England lebenden Atomphysiker, der in den siebziger Jahren sein neues Weltbild, genannt *holomovement,* formulierte; das vielleicht, so meint Berendt, konsequenteste, in sich selbst „stimmigste" Weltbild, das die neue Physik bisher vorgebracht hat. *Holomovement* speist sich aus den Entdeckungen der Neurologie und der Theoretischen Physik: Der Name setzt sich zusammen aus dem griechischen Wort *holos* = *ganz* und dem lateinischen Verb *movere* = *sich bewegen*. *Holomovement* heißt also, das Ganze bewegt sich, das Ganze fließt. Eine Annäherung an das Griechische *panta rei* (= alles fließt, alles ist in Bewegung) ist unverkennbar! Und das Universum sah Bohm als Verbundenheit aller Dinge und prägte dafür den Begriff „implicate order" (= Ordnungsgeflecht).

Um noch etwas deutlicher zu machen, um was es geht bei diesem Weltbild, erklärt Berendt es am Beispiel des Hologramms und mit Hilfe von Ergebnissen aus der Hirnforschung, um dann seine Idee „Das dritte Ohr" ins Gespräch zu bringen:

„Die Bilder der holographischen Laser-Photographie sind dreidimensional. Sie ‚stehen' im Raum. (Anm. des Autors: Denken Sie an die Holo-Botschaft der Prinzessin Lea an R2D2 und C3PO im Film ‚Krieg der Sterne'.) Wenn man einen Menschen aufnimmt - die ganze Gestalt von Kopf bis Fuß - und das Gesicht genauer sehen möchte und zu diesem Zweck die oberen Körperpartien herausschneidet, um sie zu vergrößern, dann sieht man auf dem neu gewonnenen Bild nicht etwa das vergrößerte Gesicht, sondern - wieder den ganzen Menschen. Man kann gar nicht schneiden. Denn: Jede Information, die auf dem ursprünglichen Photo das Gesicht reproduziert hat, enthält gleichzeitig die Information über den ganzen Menschen! Und: Der ganze Mensch ist unteilbar. Lediglich die Schärfe des Bildes vermindert sich.

Wer mit Hologrammen arbeitet, wird bei jedem Teilungsversuch zurück an das Ganze verwiesen. Das Phänomen macht unwiderlegbar deutlich, daß Teil und Ganzes untrennbar sind - das Gegenteil also dessen, was die seit Descartes vorrangig aufs Teilen und Analysieren gerichtete Wissenschaft drei Jahrhunderte lang geglaubt hatte."

Berendt erklärt dann des weiteren, zu welchen „Bewegungen" die Entdeckung des Hologramms bei anderen wissenschaftlichen Disziplinen führte; bei Biologie, Neurologie, Kybernetik und Informationstheorie:

„Im Jahre 1969 gab der in Wien geborene, an der Stanford University lehrende Neurologe Karl Pribram bekannt, daß das Hologramm bisher unerklärliche Gehirnprozesse erkläre und als Modell dessen, was im menschlichen Gehirn geschehe, geeignet sei.

Pribram hatte als Gehirnchirurg (zusammen mit seinem Lehrer Karl Lashley) dreißig Jahre lang nach dem Engramm (Anm. des Autors: griechisch: engraphein = hineinschreiben) gesucht, dem Sitz und der Substanz des Gedächtnisses. Pribram und Lashley hatten festgestellt, daß selbst dann, wenn nur noch zwei oder drei Prozent der Gehirn-Nervenzellen eines Menschen erhalten blieben, die Gabe der Erinnerung praktisch sichergestellt ist. Auch das Gehirn also - so Pribram - ist ein Hologramm. Jede einzelne Zelle speichert die ganze Botschaft."

Noch einmal David Bohm: *„Was wir sehen können, ist nur ein sehr kleiner Teil der unentfalteten Ordnung. Wir müssen deshalb die Unterscheidung zwischen dem, was manifest (= entfaltet), und dem, was nicht manifest (= nicht entfaltet) ist, einführen."*

Dieses Weltbild der *holomovement* trägt, um Berendt zu zitieren: *„... sieben Implikationen in sich; die sieben miteinander vernetzten Implikationen beziehen sich auf"*:

Materie: Die Wirklichkeit geht über das, was wir Materie nennen, hinaus. Materie ist wie ein leichtes Kräuseln auf dem unermeßlichen Ozean aus Energie, auf dem sie eine gewissen Stabilität besitzt und für unsere Augen und Meßinstrumente manifest wird.

Zeit: Im holographischen Paradigma existiert Zeit nicht als ein unendliches lineares Vorbeigleiten, das vom *Jetzt* zum *Dann* fließt; statt dessen könnte es sein, daß die Zeit multidimensional existiert und sich gleichzeitig in viele verschiedene Richtungen bewegt.

Die Verbundenheit aller Dinge: Berendt führt dazu einleitend aus: *„Kurt Gödel (Anm. des Autors: Österreichischer Mathematiker, der 1931 sein ‚Unvollständigkeitstheorem' aufstellte; es besagt: Kein* *formales System von hinreichender Mächtigkeit kann in dem Sinne vollkommen sein, daß in ihm jede einzelne wahre Aussage als ein Satz wiedergegeben werden kann.) hat in seinen Arbeiten über die Grundlagen der Mathematik überzeugend dargelegt, daß jedes Wissenssystem sinnvolle Lehrsätze beinhaltet, deren Wahrheit oder Unrichtigkeit nicht festgestellt werden kann, wenn man gänzlich innerhalb dieses Systems bleibt.*"

Das aber tun sowohl der Medizinmann wie auch die Schulwissenschaft: Indem sie alles, was von außerhalb ihres Systems kommt, als „tabu" und als „unwissenschaftlich" ablehnen, kann die letztgültige Wahrheit der Thesen, die ihrem Weltbild zugrunde liegen, nie überprüft werden.

Alle Weltbilder der Neuen Physik laufen darauf hinaus - auch die sogenannte *Bootstrap*-Theorie, die in Berkeley entwickelt wurde: Die Natur kann nicht auf ihre Teile reduziert werden; wir erhalten falsche Ergebnisse, wenn wir das dennoch versuchen. Die *Bootstraper* sagen: *„Jedes Teilchen besteht aus allen Teilen."*

Bewußtsein: Ständig spüren wir es: alles ist eins; wie ein C. G. Jungscher Archetypus ist tief in uns eingeschrieben: alles ist eins! Aber unser mechanistisches Weltbild hat uns lange nicht erlaubt, das zu sehen. Inzwischen jedoch gibt es Menschen, die erkennen, daß unser Weltbild einheitlich, ganzheitlich ist; ob es jemand ist, der zu M. Fergusons „Sanfter Verschwörung" gehört, oder wir miteinander an warmen Sommerabenden den Vollmond betrachten, sinnieren, schlaflos sind und ruhelos rätseln, warum wir tief in uns etwas spüren, was wir nicht beschreiben müssen, weil alle es spüren.

Gesellschaft: Berendt argumentiert, daß die Physik als Schlüsselwissenschaft von den Vorsokratikern bis heute das Weltbild prägte. Für die Biologen funktionierte die Evolution mechanistisch, für die Mediziner wurde der Mensch eine chemische Fabrik, die Chemiker setzten die Elemente wie Teile einer Maschine zueinander in Verbindung, die Soziologen konzipierten Gesellschaftssysteme, Freud begründete die Psychologie aus einem mechanistischen Verständnis der Seele. (Anm. des Autors: Es ist manchmal geradezu ein *psycho-hydraulisches* Modell, in dem sich Triebe stauen, bis ihre akkumulierte Kraft ein Ventil öffnet und den Kessel der Gefühle unbremsbar zum Überlaufen bringt! Sorry!)

Am Ende waren Mechanistisches und Materialistisches so allgegenwärtig geworden, meint Berendt, daß wir auch mechanistisch und materialistisch zu fühlen begannen. Wir meinten, wir seien Gegenstände, die zu funktionieren hätten - und irgend etwas sei falsch an uns, wenn wir das nicht täten.

Dieses bisherige Weltbild führte zu einem Zusammenbruch der Moral; selbst bei denen, die am engsten damit verbunden sind; Sie wollen ein Beispiel? Der serbische Psychologe Karadjic ist oberster Kriegsherr eines der grausamsten Kriege der letzten Jahre im Rest-Jugoslawien!

Wir können nur hoffen, daß ein neues physikalisches Weltbild auch zu einem neuen Typus des Gelehrten und letztlich zu einem neuen Menschen führen wird!

PSI-Phänomene: Berendt behauptet, potentiell stecke in jedem Menschen die Fähigkeit, PSI-Kraft zu entwickeln. Wir hätten uns nur damit abgefunden, sie nicht mehr zu nutzen. Ist das wirklich so? Ich kann mich hier nicht zu einem Urteil durchringen, sehe jedoch rings um mich Astrologie-Glauben, Horoskope, verschiedene Arten des Hellsehens, der Präkognition beispielsweise. Ich sehe die Forschungsergebnisse von Prof. Bender in Freiburg und seinem Institut für parapsychologische Phänomene. Das alles kann doch wohl kein Irrglaube sein, was meinen Sie?

Epochaler Umbruch: (Paradigmenwechsel oder auch Paradigma-Shift genannt) Das heißt: Die Grundvoraussetzungen unseres Denkens ändern sich! Die meisten Bereiche der Wissenschaften müssen revidiert werden, obwohl es vielen sehr schwerfallen wird! Denken Sie nur: Die Schulmedizin soll nun ganzheitlich denken!? Da brechen doch Theoriegebäude wie Kartenhäuser zusammen! Zitat Berendt: *„Als Gregory Bateson 1967 darauf hinwies, daß eine bloß zweckorientierte Rationalität, die ohne Rücksicht auf Phänomene wie Kunst, Religion, Traum oder Phantasie verfährt, notwendig pathogen und lebenszerstörend sein müsse, wirkte dies revolutionär. Ist heute nicht bereits eine Mehrheit einsichtiger Menschen von der Richtigkeit dieses Satzes überzeugt?"*

Ergebnis der Berendtschen Ausführungen:

Das neue Weltbild der Physik, verbunden mit der Entdeckung der Holographie, die das neue Denken wohl am meisten motivierte, läuft auf die alte Zen-Weisheit hinaus:

Die Leere, die die Fülle ist.

Wir müssen auf alles, auf das Ganze, ganz und gar hören! Unsere Augen haben gegenüber allem, was über die drei Raum-Dimensionen hinausgeht, eine Sperre, während unsere Ohren mit der Mehrdimensionalität keine Schwierigkeiten haben, also dazu tendieren, die Welt „richtiger" wahrzunehmen. Kennen Sie nicht auch blinde Menschen, deren Gehör unserem, der sehenden Menschen, um ein vielfaches überlegen ist?

Das *dritte Auge*, das wissen wir alle, ist ein Mythos von alters her. Wir haben immer die Vorstellung von dem *dritten Auge* gehabt, das auf unserer Stirn zwischen den beiden Augen liegt. Aber ein *drittes Ohr?*

Berendt, um ihn ein letztes Mal zu Wort kommen zu lassen, löst zum Schluß das Rätsel des Buchtitels:

*„Das Auge braucht ein **drittes**, das Ohr hat es schon. In dem Titel ‚Das dritte Ohr', den ich für dieses Buch gewählt habe, schwingt Ironie. Wir haben das **dritte Ohr** ja! Wir müssen es nur zu gebrauchen wissen; seine Botschaften nicht überhören!"*

Unsere zusammenfassende Bewertung von J.-E. Berendts Gedanken zum „dritten Ohr":

Er hat eine Vision vom vorsichtig nach innen und außen lauschenden Menschen, der nicht mehr erlebnislüstern und mechanistisch urteilend seine Antennen nur nach außen richtet. Seine Gedanken schlagen einen ganz weiten Bogen durch alle wissenschaftlichen und auch sensiblen menschlichen Bereiche; er bringt das Hören, das Vernehmen, die Vernunft in Netze und Zusammenhänge, derer wir uns erst einmal wieder bewußt werden mußten, weil sie in unserem Alltag verschüttet sind.

Er ist ein homo auditivus, der die anderen Sinne dabei nicht vergessen hat, dem Ohr aber wieder seinen richtigen Platz zugewiesen hat. Wir wünschen uns nur, daß er nicht immer in die esoterische Ecke gestellt oder abgedrängt wird. Denn seine Gedanken und Übungen sind universell gültig!

Literatur:

Berendt, J.-E., Das dritte Ohr, Rororo Hamburg 1988

Hofstadter, Douglas R., Gödel, Escher, Bach, Klett-Cotta 1985

Die Logik verändert sich grundsätzlich,
wenn wir annehmen,
daß es zwischen Weiß (Wahrheit) und Schwarz (Falschheit)
unendlich viele „Graustufen" gibt!

16. Fuzzy-listening mit Variety-reducern – ein neuer Ansatz?

Absicht des Kapitels:

- Nachdenken darüber, ob es nicht längst Zeit ist, eine neue Hör-Theorie zu entwickeln.

- Bewußtmachen, daß wir in einer neuen, höchst-technisierten (aber menschlich total verarmten??) Welt leben.

- Mich mit einem neuen, vielleicht provokanten Ansatz und Absatz

    von Ihnen als Leser und Leserinnen

    verabschieden und Ihnen für

    das Lesen bis hierher

    danken!

Alle Erklärungsmodelle für das menschliche Hören, alle Modelle, Gehörtes zu interpretieren, alle Modelle der kommunikativen Interaktion sind alt, veraltet und nicht mehr „auf der Höhe der Zeit".

Was wir dringend benötigen, ist ein brandaktuelles Herangehen an den zwischenmenschlichen kommunikativen Interaktionsprozeß mit Ansätzen aus unserem neuesten naturwissenschaftlichen Fundus.

Wir leben nicht mehr zu Zeiten Bühlers, Freuds, Jungs und Adlers; dennoch dominieren deren Theorien und Ableitungen daraus unser Denken. Wir müssen Forschungen über krankmachende Strukturen von Sprache, die so faszinierend auch auf unser „normales" Miteinander-Sprechen anzuwenden sind, ablösen. Wir müssen weg von der Psychologie als „magna mater" aller Erklärungen für menschliches und zwischenmenschliches Verhalten. Denn das Zeitalter der Psychologie neigt sich wahrlich seinem Ende zu!

Ich bitte Sie darum, selbst wenn es Ihnen als psychologisch geschultem Menschen ein wenig schwerfallen sollte, mir weiter bei meinen Überlegungen zu folgen.

Sehen Sie, wir leben heute mitten in einem multimedialen Informationszeitalter, bedingt durch den Siegeszug elektronischer Maschinen und Medien, die in jeglichen Lebensbereich unseres Daseins eingreifen.

Wir leben im Jahre X nach George Orwells „1984", benutzen jedoch, weil wir es so gewohnt sind, in den meisten Disziplinen noch „die Werkzeuge und Hypothesen" des vorigen Jahrhunderts, wenn nicht noch ältere.

Die Geschichte der Philosophie zum Exempel stellt sich dar als nichts anderes als eine große Anzahl von Fußnoten zu Platon! Sie meinen, das sei bösartig? Hier sind andere Beispiele:

- Wo ist denn eine Management-Theorie, die sich mit dem Problem der „Mitarbeiter-Führung in Zeiten einer multimedialen Kultur" beschäftigt? Mitarbeiter werden weiterhin geführt wie vor fünfzig Jahren; wir nennen es zwar „Management by Objectives", es ist aber nichts anderes als „autoritäres Führen mit einem Lächeln"!

- Wie werden denn Entscheidungen „in komplexen Systemen" gefällt? Häufig doch immer noch nach der Devise „das ist Stil unseres Hauses; das haben wir immer so gemacht und das bleibt auch so". Nun, das sind Ex-post-Entscheidungen, denen keinerlei Zukunfts-Szenario zugrunde liegt, geschweige denn eine paradoxe Intervention zur Erlangung irgendeines kreativen Vorsprungs!

Ein ganz augenfälliger Beweis meiner vorläufigen These: Alle Modelle, die versuchen, menschliches, wirtschaftliches oder gar industrielles Handeln darzustellen und zu erklären, sind in ihrer Darstellung *quadratisch, rund, rechteckig, oval, dreieckig* oder haben die Form von *Vier-Quadranten-Modellen!* Sie sind dominiert von harmonischer und symmetrischer Darstellung! Elegant und relativ einfach sind sie, aber niemand erklärt uns, warum solche Standard-Modelle ausgerechnet diese und keine andere Form besitzen. Viele der beobachteten Wechselwirkungen zeigen zwar die vom Modell vorausgesagten Symmetrien, theoretisch wären aber auch andere Symmetrien und auch *Asymmetrien* plausibel und nicht weniger elegant.

Wir sollten Abschied nehmen, und zwar schnellstens, von dieser deterministischen Weltsicht und parallel zu dem sich in den Naturwissenschaften vollziehenden Paradigmenwechsel neue Grundmuster und Denkansichten finden.

Die simulierten und nur teilweise noch realen Bildwelten der elektronischen Medien führen zu einer tiefgreifenden Veränderung der Grundstruktur menschlicher Wahrnehmung, ganz besonders erkennbar an der gegenwärtigen Verflechtung von Fernsehen, Video, Telefon und Computer zu einem interaktiven Mediennetz (Multimedia, Cyberspace, TV à la carte).

Diese neue Medienwirklichkeit beschreibt der renommierte Hamburger Professor für Erziehungswissenschaften und Leiter des B.A.T. Freizeit-Foschungsinstitutes, H. Opaschowski, in der Buchreihe „Wir in unserer Welt" des Baukonzerns Heitkamp sehr genau:

„Keine tausend Bundesbürger besaßen 1953 ein Fernsehgerät. Aus dem Fenster schauen zählte zu den beliebtesten Freizeitbeschäftigungen. Vierzig Jahre TV-Erfahrung haben inzwischen ganze Generationen geprägt. Für 96% der West- und 95% der Osthaushalte gehört der Farbfernseher heute zur Grundausstattung. ... Der Trend zum Zweit- und Drittgerät hat sich durchgesetzt. ... Für keine andere Freizeitbeschäftigung wird mehr Zeit aufgebracht. Es wird immer schwerer, etwas aus erster Hand zu erleben - von überall her gibt es bereits Fernsehbilder. ... Die Vierzehn- bis Vierundzwanzigjährigen entwickeln sich zu einer neuen Generation,

*die alles sehen, hören (unterstrichen vom Autor dieses Buches), er-
leben und vor allem im Leben nichts verpassen wollen.*

*Die Entwicklung neuer Technologien und die Verbreitung der elek-
tronischen Medien haben viele Freizeitbeschäftigungen attraktiver
gemacht, den Freizeitkonsumenten zugleich aber Streß und Hektik
beschert: Die Fragen Was zuerst? und Wieviel davon? beantwortet
der gestreßte Konsument in seiner Zeitnot mit Zeitmanagement: In
genausoviel Zeit werden mehr Freizeitaktivitäten hinein gepackt
und untergebracht, schnell ausgeübt oder zeitgleich erledigt. Mehr,
schneller, weniger intensiv: Die Schnellebigkeit hat Oberflächlich-
keit zur Folge. Der Medienkonsum ist davon am meisten betroffen.
Und die Medien sind Opfer und Motor zugleich. Sie leiden einerseits unter den Hopping-Gewohnheiten des unsteten Konsumenten
und treiben ihn andererseits zum Fast-Food-Konsum an. Ein Teufelskreis!"*

Opaschowski sei dann noch einmal zitiert zum Thema „Autoradio",
das uns wieder dem Thema „Hören" näherbringt:

*„Das Autoradio ist heute zu einem unentbehrlichen Begleiter für
Autofahrer geworden, als Kommunikationspartner und Lange-
weiletherapeut genauso wie als Informations- und Entspannungs-
medium. Aktuelle Informationen aus dem Radio werden von 86%
der Autofahrer intensiv aufgenommen. Und Musik im Autoradio
beeinflußt gar das Fahrverhalten.*

*Jeder dritte Autofahrer fährt anders, wenn bestimmte Musik im
Auto erklingt:*

- *Pop- und Disco-Musik werden am meisten im Stadtverkehr
gehört.*

- *Volksmusik und Schlager finden die größte Resonanz bei der
Fahrt auf Landstraßen.*

- *Und bei Autobahnfahrten sind Entspannungsmusik und Klassik-
konzerte besonders beliebt.*

Wird es in Zukunft spezielle Automusik-Wellen für Autobahnen, Landstraßen und für den Stadtverkehr geben?"

Die Wirklichkeitsferne der universitären Ausbildung, der Primat der Psychologie in der Wahrnehmungsforschung und Erklärung menschlichen Verhaltens ganz allgemein sowie der Ausschluß naturwissenschaftlicher Ansätze haben dazu geführt, daß eine interdisziplinäre Debatte überfällig ist. Der behavioristische Ansatz zur Erklärung menschlicher Verstandestätigkeit wies große Mängel auf, und andere Schulen in seinem Umkreis kommen schnell an ihre Grenzen; denken wir nur an logischen Positivismus, strukturale Linguistik, anthropologischen Funktionalismus, Pawlowsche Reflexologie.

Eine neue Herangehensweise bei der Erklärung menschlichen Wahrnehmungsverhaltens, und zwar eine ganz neue, ist erforderlich. Das höchste Ziel der Kognitionswissenschaft sollte neu definiert werden:

Wir entwickeln eine überzeugende, „hieb- und stichfeste", wissenschaftlich verifizierbare Erklärung dafür, wie wir Menschen zu unseren bemerkenswertesten symbolischen „Erzeugnissen" kommen; wie wir Symphonien komponieren, Romane, Gedichte und Sonette schreiben, wie wir Maschinen erfinden (Kaffeemühlen oder Computer, das ist egal!) oder wie wir „Theorie-Gebäude" aufstellen.

Mit diesen Erklärungen werden wir auch die Methoden beschreiben müssen, wie wir komplexe Projekte bearbeiten, um wichtige, ehrgeizige Ziele zu erreichen, wie wir Pläne machen (Denken Sie doch nur einmal daran, wie heute industrielle „Forecasts" erstellt werden: „Letztes Jahr haben wir den Umsatz X erreicht, nächstes Jahr machen wir drei Prozent mehr, egal unter welchen Bedingungen! Und wenn Sie das nicht schaffen, Herr Schulz, dann werden wir uns wohl von Ihnen trennen müssen!"), wie wir mit der Arbeit an einem Projekt beginnen (Projektdefinition - Feasibility-study - Kosten - Zeit - ... und dann immer geradeaus!).

Wir benötigen dann Methoden-Beschreibungen, wie wir unsere Arbeitsabläufe organisieren, wie wir Entwürfe unter dem Einfluß (Normen und Motive) anderer Menschen machen, sprachbezogene Prozesse zur Erklärung heranziehen, wie wir bestimmen, wann ein Projekt abgeschlossen ist und ein neues gestartet wird.

Sie werden erkannt haben, daß schon der Versuch, die Phasen eines komplexen kreativen Prozesses zu skizzieren, die Größe (Unermeßlichkeit?) der Aufgabe und die Unzulänglichkeit unseres gegenwärtigen Handwerkzeugs deutlich zeigt.

Jedoch dank der Entwicklung neuer logischer Instrumente, der mannigfaltigen Verwendungsmöglichkeiten von Computern, der Anwendung wissenschaftlicher Methoden auf psychologische Prozesse und kulturelle Praktiken, dank unseres profunden und präzisen Verständnisses von Sprache und dank der zahlreichen Entdeckungen über Organisation und Funktionsweise des Nervensystems, haben wir heute ein differenzierteres Verständnis jener Fragen, die schon Platon, Kant und andere stellten.

Warum sollen wir nicht, um uns wieder unserem Ausgangsproblem „Zuhören" zu nähern, die Fortschritte in unserem Wissen über visuelle und akustische Wahrnehmung, bildhafte Vorstellungen, Kategorisierung und menschliche Rationalität mit neuesten Erkenntnissen über Chaos, Fraktale und Fuzzy-logic verbinden??

Versuchen wir doch einmal, da, wie wir ja wissen, Sprechen und Hören vieldimensionale Akte sind, die zwischen richtig und falsch, gemeint und gehört, ja und nein zahllose Interpretationen zulassen, mit Hilfe der *Fuzzy-logic* einen *anderen Interpretationsansatz für Gehörtes* zu entwickeln!

„*Fuzzy*" heißt im Englischen soviel wie „verschwommen, ungenau, ausgefranst, fusselig"; mit „fuzzy-logic" bezeichnete 1965 der Informatiker Lotfi A. Zadeh seine Theorie des unscharfen Denkens im Gegensatz zu dem rationalen Schwarzweißdenken der westlichen Zivilisation.

Bisher kannten Computer nur die duale Welt des 0 und 1, des Ja und Nein, des Richtig und Falsch, was Grundlage jeglicher Software ist. Sie kennen das doch: „If yes, go to ..." und „if no, go to ..."; genauso gibt es auch Menschen, die jedes Problem mit der Standardformulierung angehen: „Nun, mein Lieber, da gibt es doch nur zwei Möglichkeiten!" *Es geht aber auch anders!*

Mit Fuzzy-logic dagegen, der sogenannten unscharfen Logik, lernen Computer Grauzonen wie „eher richtig", „eher falsch", „vielleicht", „ein wenig mehr" oder „wahrscheinlich doch nicht" zu unterscheiden.

Im Rechner wird diese ungenaue Logik mit Zahlen umgesetzt: 0 und 1 bleiben wie bisher die Eckpfeiler; aber 0,2 meint jetzt „vielleicht", 0,7 „gut möglich", 0,9 „sehr wahrscheinlich".

Diese ungenauen Begriffe sind wesentlich für unsere menschliche Denkweise. Denn unsere Fähigkeiten, Fakten in ihrem jeweiligen und auch situativen Zusammenhang einzuschätzen und vorsichtig zu bewerten, gibt uns die Möglichkeit, Wichtiges von Unwichtigem zu scheiden und auch in komplizierten Situationen Entscheidungen treffen zu können.

Wir sind, wie D. Dörner es in seiner „Logik des Mißlingens" trefflich vergleicht, als Akteure in einer komplexen Handlungssituation (beispielsweise in einem partnerschaftlichen Konfliktgespräch, einer betrieblichen Problemlösungssituation oder einem Streit mit dem Nachbarn) *„ähnlich einem Schachspieler, der mit einem Schachspiel spielen muß, welches sehr viele (etwa: einige Dutzend) Figuren aufweist, die mit Gummifäden aneinanderhängen, so daß es ihm unmöglich ist, nur eine Figur zu bewegen. Außerdem bewegen sich seine und des Gegners Figuren auch von allein, nach Regeln, die er nicht genau kennt oder über die er falsche Annahmen hat. Und obendrein befindet sich ein Teil der eigenen und der fremden Figuren im Nebel und ist nicht oder nur ungenau zu erkennen."*

133

Sie werden schon jetzt erkennen, daß ein wie auch immer gearteter Fuzzy-Ansatz des Hörens realitätsnäher ist als all die simplifizierenden Sprecher-Hörer-Modelle, die wir vorab beschrieben haben!

„*Variety-reducer*" (variety, engl. = Verschiedenheit, Auswahl, Mannigfaltigkeit; to reduce, engl. = herabmindern, einschränken, in eine Form bringen) sind einfache, erfahrungs- und situationsbedingte Einschätzungshilfen, die ich benutze, um in einer komplexen Situation dem *Kern* (einer Aussage, eines Problems) nahezukommen.

1.

Liegt der Kern der Aussage
mehr oben oder unten,
mehr rechts oder mehr links?

2.

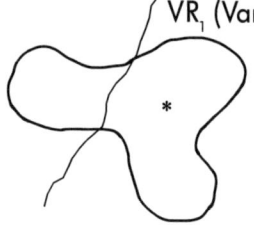

Wenn der Kern mehr / eher
rechts liegt, dann mehr oben
oder mehr unten?

3.

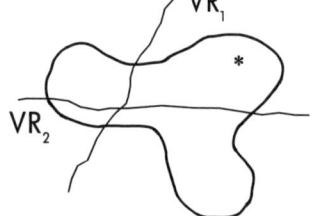

Wohl mehr rechts oben!
Das genügt!
Alles andere wäre eine Interpretation, gezeichnet auf Millimeterpapier, die eh nicht stimmt!!

Hierzu braucht man, um noch einmal Dörner zu zitieren, *„Strukturwissen", das heißt, Wissen über die Art und Weise, wie die Variablen des Systems zusammenhängen, wie sie sich beeinflussen.*

Die Gesamtmenge der Annahmen dieser Art (Anm. des Autors: Zum Beispiel wenn der *das* so *sagt, hat es* das *zu bedeuten.) im Kopf eines Akteurs, die sich auf die einseitigen oder wechselseitigen, einfachen oder komplizierten Zusammenhänge der Variablen eines Systems beziehen, nennen wir sein Realitätsmodell.*

Ein Realitätsmodell kann explizit, in bewußter, jederzeit abfragbarer Weise vorhanden sein oder auch implizit, also so, daß der Akteur selbst nicht weiß, daß er eine Annahme über einen bestimmten Zusammenhang im Kopf hat und schon gar nicht, wie diese Annahme aussieht.

Solch implizites Wissen kommt häufig vor; man nennt es gewöhnlich „Intuition" oder sagt: „Für solche Dinge habe ich ein Gefühl!" Ein gutes Beispiel für implizites Wissen ist das Wissen, welches den Musikliebhaber befähigt zu sagen: „Das kenne ich zwar nicht, aber es ist Mozart", ohne daß er sagen könnte, woran er eigentlich genau erkennt, daß es Mozart ist. „Es klingt eben mozarthaft."

Gestatten Sie uns, aus dem Buch von Ch. Drösser, „Fuzzy logic", eine Passage zu zitieren, damit unser Anliegen eines neuen Höransatzes noch einmal untermauert wird:

„Vor der Entwicklung der Fuzzy-Logic war die einzige Möglichkeit, die Unbestimmtheit solcher Systeme (wie Ökologie, Schwingungen, menschliches Denken: alles Phänomene, die erstaunliche Übergänge zwischen geordneten und regellosen Zuständen zeigen und prinzipiell unvorhersagbar sind.) zu beschreiben, die Wahrscheinlichkeitsrechnung: Wenn ich schon keine exakte Aussage über ein Ereignis machen kann, dann will ich wenigstens eine exakte Zahl über die Wahrscheinlichkeit seines Eintretens haben.

Schon 1962, als er sich mit biologischen Systemen beschäftigte, überkam Lotfi A. Zadeh die Ahnung, daß ‚wir eine radikal andere Art von Mathematik brauchen, die Mathematik krauser und wolkiger Größen, die sich nicht mit Wahrscheinlichkeitsverteilungen beschreiben lassen' ...

Mit mehrwertiger Logik hatten sich schon früher in diesem Jahrhundert Mathematiker und Philosophen beschäftigt. Zadehs Verdienst war es, nicht nur Grauwerte für Wahrheit einzuführen, sondern auch für die Begriffe, die wir benutzen. "

Um unser Thema konkreter werden zu lassen, hier ein Beispiel:

In einem Gespräch sagt Ihr Gesprächspartner unvermutet: „Das ärgert mich aber doch!"

Diese Information, die Sie da hören, kann nach dem Fuzzy-System folgenden Regeln unterliegen:

- Der Zustand „Ärger" ist eine Fuzzy-Menge; der Begriff „Ärger" hat als solcher keine beschreibbaren Grenzen.

- Der Zustand Ihres Partners ist fuzzy; er kann sich wenig, mittel oder auch stark ärgern.

- Die Beziehungen zwischen seinem situativen Ärger und seinem sonstigen Zustand sind fuzzy: Ihr Realitätsmodell signalisiert Ihnen die Erfahrung: „Ärger ist gewöhnlich mit Ablehnung des anderen verbunden und geht mit den körpersprachlichen Signalen A, B und C einher."

- Wenn Sie nun nach dem Ärger fragen (vielleicht im psychotherapeutischen Tonfall des „Wie fühlst du denn deinen Ärger, und was macht er mit dir?"), erhalten Sie unscharfe Aussagen, oder Sie treffen nach Augenschein und eigenen Gefühlen subjektive Entscheidungen.

Und das kann die Lösung sein: Als Fuzzy-Hörer müssen Sie nun Gehörtes nicht mehr nach der Art eines Entscheidungsbaumes mit Tausenden von Ja-Nein-Entscheidungen analysieren, sondern mit

Hilfe der Variety-reducer *„eigene Realität"* („den anderen jetzt wahrnehmen") und *„Erfahrung im Umgang mit ihm"* kommen Sie recht schnell zu plausiblen Hypothesen für sein Verhalten und zu einer angemessenen eigenen Reaktion auf seine Worte.

Wir können die Variety-reducer, die wir zur Erlangung einer gültigen Deutung des Gehörten verwenden, auch mit *Meilensteinen* vergleichen, wie sie M. C. Escher zur Deutung seiner fantastischen bildhaften Unendlichkeitskonstruktionen benutzt. Er sagte einmal:

„Jeder, der sich in die Unendlichkeit von Raum und Zeit begibt, immer weiter, ohne aufzuhören, braucht Fixpunkte, Meilensteine, an denen er vorbeieilt. Denn sonst wäre seine Bewegung nicht von Stillstand zu unterscheiden."

Wie wir gesehen haben, ist bei unserem „Ärger-Satz" alles fuzzy. Unsere Meilensteine sind eigene Realität und Erfahrung, die Zahl möglicher Interpretationen geht gegen unendlich! Stillstand wäre in unserem „Ärger-Satz", daß wir uns wegen der unendlichen Deutungsmöglichkeiten nicht zu einer *end-gültigen* Lösung entscheiden würden.

Und noch einmal Escher, nur so zum Nachdenken:

„Ich kann nicht umhin, über all unsere eingefahrenen Sichtweisen zu spötteln. Es macht zum Beispiel großen Spaß, absichtlich zwei und drei Dimensionen, die Fläche und den Raum zu vermischen und sich über die Schwerkraft lustig zu machen."

Daß Escher dies meisterhaft verstand, zeigt sich etwa in dem Holzschnitt „Tag und Nacht", in dem sich Felder aus der Landschaft auf mysteriöse Weise in fliegende Gänse verwandeln. Er hatte Vergnügen daran, *auf die Vieldeutigkeiten und Widersprüche aufmerksam zu machen.*

Allmählich wird Ihnen, so glaube ich, die Frage mächtig geworden sein: „Und wie verhalte ich mich in der Praxis, wenn ich Fuzzy-listening mit Variety-reducern einsetzen will?"

Sie haben recht, also zurück zur Praxis!

Diese vier allgemeingültigen Variety-reducer könnten Sie sich merken:

- *Was kann ich?* (Wie sind meine fachlichen und sozialen Fähigkeiten?)
- *Was will ich?* („Lustfaktor", Wille, Unwille)
- *Was vermag ich?* (In welcher Machtposition befinde ich mich?)
- *Was darf ich?* (Was ist in dieser Situation angebracht zu tun?)

Beispiel:

Unvermutet werden Sie von Ihrem Vorgesetzten angerufen und gefragt: „Könnten Sie nächste Woche in unser Werk Dresden fahren?"

Spontan wird Ihnen durch den Kopf gehen: „Habe ich Zeit?", „Habe ich überhaupt Lust?", „Kann ich fachlich bestehen?", „Habe ich hier überhaupt eine Chance, ‚Nein' zu sagen?"

Und Ihre Antwort wird wahrscheinlich sein: „Eigentlich schon, aber um was geht es denn da?"

Das ist keine eindeutige Antwort, fast alles ist wieder fuzzy - aber so vermeidet man Konflikte!

Beispiel:

Eine Kollegin ruft durch die geöffnete Tür: „Ist der Herr Merten noch im Haus?"

Auch das ist im Prinzip eine totale Fuzzy-Frage, der Sie am besten je nach Wissen mit einer definitiven Ja- oder Nein-Antwort und mit einer die Antwortmöglichkeiten reduzierenden inneren Abfrage der Art: „Weiß ich es?", „Habe ich Lust zu antworten?", „Muß ich antworten?", „Was ist in dieser Situation die beste Antwort?" begegnen.

Mehr ist nicht erforderlich, eine Anamnese Ihrer Beziehung ist nicht gefragt, und wenn ich nun erst einmal rückfrage: „Warum willst du das wissen?", gibt es wieder zusätzliche Ungenauigkeit.

Beispiel:

Ihr Kollege fragt Sie: „Wo sind eigentlich die letzten Berichte von Aerospatiale geblieben?"

Die Möglichkeiten zu antworten:

- Wenn Sie es wissen, sagen Sie es.
- Wenn Sie es wollen, geben Sie die Antwort.
- Ist es ein Kollege auf gleicher Ebene, spielt die Frage der Macht keine Rolle.

Beispiel:

Ein schönes Beispiel einer sensiblen Fuzzy-Frage ist: „Liebst Du mich noch?"

Sage ich „Nein" in dieser Situation, nimmt das Schicksal seinen Lauf. Sage ich „Ja", dann stimmt es nicht ganz; also ist die Antwort oft: „Das weißt Du doch, Schätzchen!"

Merken Sie, wie fuzzy das ist?

Demnach werden Sie, nachdem die „Reduzierer" ihre Arbeit getan haben („Ich will bei ihr bleiben", „Heute stimmt es ja noch" u.ä.), es vorziehen zu sagen, und das mag auch in diesem Falle stimmen: „Ich liebe Dich wie eh und je!"

Auf gar keinen Fall jedoch werden Sie - es sei denn, Sie sind therapeutisch ausgebildet - Ihr sogenanntes Sach-Ohr einschalten und freundlich erwidern: „Du, Marion, weil, da kann es Mißverständnisse geben, müssen wir einmal erst untersuchen, ob nicht Liebe ein zeit-variables Phänomen ist?" Ich glaube, spätestens von diesem Moment an wird Marion den Nachbarn attraktiver finden!

Beispiel:

Sie werden gefragt: „Warum lesen Sie denn ein Buch über das Zuhören?" Eine völlig offene, eine typische Fuzzy-Frage!

Mit den „Reduzierern" läuft nun ab:

• Habe ich eine fachlich kompetente Antwort parat?

• Habe ich „Lust", mich auf eine Antwort einzulassen, oder antworte ich ebenso „fuzzy": „Weil ich es halt spannend finde!"?

• Ist es angebracht, eine Antwort zu geben, weil der Frager „wichtig" ist?

• Was darf ich mir in dieser Situation erlauben?

Diese vier Überlegungen genügen - und ich habe die Antwort!

Das mag an Beispielen genügen! Sie haben es ganz sicher bemerkt, daß wir auf gar keinen Fall definitiv sagen können, wie die Realität nun wirklich beschaffen ist, wie „Deine" Realität im Gegensatz zu „meiner" aussieht; ich weiß ja oftmals selber nicht einmal, welche meine Realität ist!

Lassen Sie uns das, worum es uns bei den Gedanken zu einem *Fuzzy-listening mit Variety-reducern* ging, zum Schluß einmal leitsatzartig zusammenfassen:

• „Ungefähr" genügt! Es ist allemal besser, mit 0,7 richtig zu liegen, als mit einer analysierten, berechneten, quasi mathematischen 1,0 total falsch! „Muddling through" ist dabei manchmal besser als nichts oder Falsches zu tun!

• Sprache kann niemals Eindeutigkeit herstellen; und es ist absurd, etwas nicht Eindeutiges so lange zu interpretieren, bis es scheinbar eindeutig ist! Haben Sie etwas gehört, dann kann ein kluger Variety-reducer auch die Frage sein: „Wie soll ich das verstehen?" oder „Kannst Du das noch einmal mit anderen Worten sagen!"

• Seien Sie sich immer bewußt, daß ein und derselbe Satz je nach Situation etwas ganz Unterschiedliches bedeuten kann; denn es gibt nicht zweimal dieselbe Situation. Jede Aussage ist fuzzy!

- Es gibt kein rein sachliches Hören! Sache und begleitende Gefühle sind untrennbar miteinander verwoben.

- Denken und Handeln sind immer verankert im Motiv- und Wertsystem einer Person, im Kontext ihrer Gefühle und Aspekte, beeinflußt von diesen und diese wiederum beeinflussend.

- Versuchen Sie, wie beschrieben, Ihr eigenes Realitätsmodell (Ihre Annahmen, Vorurteile, Einstellungen) als Hörer zu erkennen!

- Vermehren Sie Ihr explizites Wissen um Ihre Realität!

- Versuchen Sie von anderen zu erfahren, was diese über Ihre Sensibilität und Intuition wissen!

Wir wollten uns mit diesen Ausführungen einmal ganz bewußt absetzen von einem linearen-reduktionistischen Denken, das den Menschen wie eine „Black box" behandelt (tue ich das rein, kommt das raus!). Denn so eindimensional ist der Mensch eben nicht! Wenn jemand keinen Spinat mag, liegt es keineswegs nur daran, daß er als Kind dazu gezwungen wurde, ihn zu essen.

Und wenn ich von jemandem höre, „Herr Lucas, das sagt man einfach nicht!", sollte meine Reaktion keineswegs sein, „Aha, da spricht mal wieder das kritische Eltern-Ich des anderen!"

Literatur:

Opaschowski, Horst W., Zehn Jahre nach Orwell, Heitkamp Edition 1994

Dörner, Dietrich, Die Logik des Mißlingens, rororo Science 9314, Hamburg 1992

Drösser, Christoph, Fuzzy Logic, rororo Science 9619, Hamburg 1994

Zadeh, Lotfi A., Verschiedene Bücher und Artikel ab 1965

Ernst, Bruno, Der Zauberspiegel des M. C. Escher, DTV 2879, München 1982

141

 **Business-Bücher für Erfolg und Karriere**

Lothar J. Seiwert
Das neue 1 x 1 des Zeitmanagement
Zeit im Griff, Ziele in Balance,
Erfolg mit Methode
128 Seiten, A5, Hardcover,
4-farbig, mit Zeichnungen
und Fotos
DM 24,80/öS 181/sFR 24,80
ISBN 3-923984-89-8

Josef W. Seifert
Visualisieren Präsentieren Moderieren
176 Seiten, A5, Hardcover,
zahlreiche Illustrationen
DM 29,80/öS 218/sFR 29,80
ISBN 3-930799-00-6

Heidi Haas, Helmut Muthers
Mitarbeiter als (Mit-)Unternehmer
In sieben Schritten zu mehr
Erfolg und Karriere
128 Seiten, A5, Hardcover,
mit Arbeitsblättern und
Praxisbeispielen
DM 24,80/öS 181/sFR 24,80
ISBN 3-930799-30-8

Mogens Kirckhoff
Mind Mapping
Einführung in eine kreative
Arbeitsmethode
120 Seiten, 265 x 200 mm
4-farbig, Hardcover
DM 36,00/öS 263/sFR 35,00
ISBN 3-923984-91-X

Vera F. Birkenbihl
Stroh im Kopf?
Gebrauchsanleitung fürs Gehirn - vom "Gehirn-Besitzer"
zum "Gehirn-Benutzer"
180 Seiten, A5, Hardcover,
mit zahlreichen Abbildungen
DM 29,80/öS 218/sFR 29,80
ISBN 3-923984-99-5

Heirich Reinke-Dieter
Fordern und Fördern
Als Führungskraft Balance
halten
176 Seiten, A5, Hardcover,
mit Übungen, Checklisten,
Selbsttest
DM 29,80/öS 218/sFR 29,80
ISBN 3-930799-23-5

Jacques Boy, Christian
Dudek, Sabine Kuschel
Projektmanagement
Grundlagen, Methoden und
Techniken, Zusammenhänge
350 Seiten, A5, Hardcover
mit Illustrationen und Grafik
inkl. 1 Diskette (für PC
und Mac geeignet)
DM 39,80/öS 291/sFR 38,80
ISBN 3-930799-01-4

Lothar J. Seiwert
Das ABC der Arbeitsfreude
Techniken, Tips und Tricks
für Vielbeschäftigte
80 Seiten, A5, Hardcover,
mit zahlreichen Abbildungen
DM 24,80/öS 181/sFR 24,80
ISBN 3-923984-43-X

Walter Simon
Die neue Qualität der Qualität
Grundlagen für den TQM-
und KAIZEN-Erfolg
288 Seiten, A5, Hardcover,
Arbeitshandbuch mit Checklisten
DM 39,80/öS 291/sFR 39,80
ISBN 3-930799-22-7

Für weitere Titel fordern Sie bitte unseren kostenlosen Gesamtkatalog an: GABAL VERLAG, Tel. 0 69/84 00 03-0 oder in Ihrer Buchhandlung.

JÜNGER GABAL Audio-Selbstlernprogramme

Rudolf Straube
Mehr Erfolg durch
Harmonie
Selbstentwickung der
Persönlichkeit
2 Tonkassetten, Arbeitsbuch
ISBN 3-89467-216-1
DM 79,-/öS 577/sFR 74,-

Becker/Schenten
Sich selbst und andere
bewegen
Mehr Leistung durch
Bewegung
1 Tonkassette, Bewegungsbuch
mit Bewegungskarten
ISBN 3-89467-308-7
DM 79,-/öS 577/sFR 74,-

Rudolf Straube
Mehr Lebensfreude durch
Streßbewältigung
Rasch und bewußt ein
streßfreies und somit
effektiveres Leben führen
2 Tonkassetten, Arbeitsbuch
ISBN 3-89467-286-2
DM 79,-/öS 577/sFR 74,-

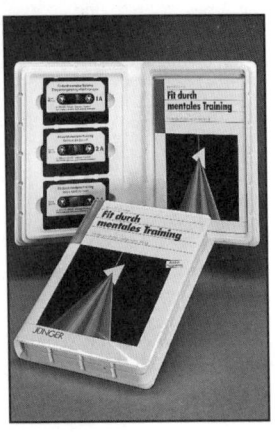
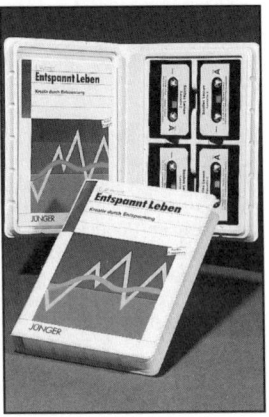

Bertold Ulsamer
Fit durch mentales
Training
Für den beruflichen und
privaten Erfolg
3 Tonkassetten, Begleitheft
ISBN 3-89467-132-7
DM 79,-/ÖS 577/sFR 74,-

Mummert + Partner
Entspannt leben
4 Tonkassetten, Begleittext
ISBN 3-89467-128-9
DM 79,-/öS 577/sFR 74,-

Mehr Lebensfreude, Tatkraft
und Gesundheit
2 Tonkassetten, Begleitheft
ISBN 3-927225-39-8
DM 49,-/öS 358/sFR 47,-

Für weitere Titel fordern Sie bitte unseren kostenlosen Gesamtkatalog an.
JÜNGER VERLAG, Tel. 0 69/84 00 03-0 oder in Ihrer Buchhandlung.

JÜNGER GABAL — Audio-Selbstlernprogramme

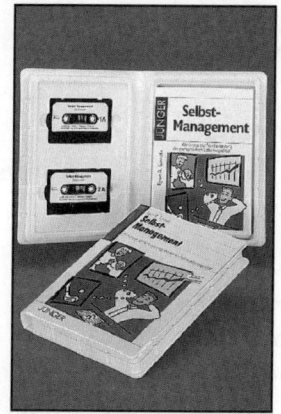

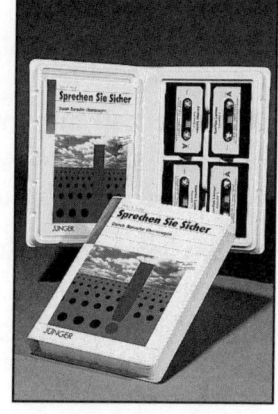

Vera F. Birkenbihl
Stroh im Kopf
Anleitung fürs Gehirn - vom
"Gehirn-Besitzer" zum
"Gehirn-Benutzer"
6 Tonkassetten,
ISBN 3-923984-66-9
DM 98,-/öS 715/sFR 91,-

Egon R. Sawizki
Selbst-Management
Konzepte zur Verbesserung der
persönlichen Lebensqualität
2 Tonkassetten, Arbeitsbuch
ISBN 3-89467-265-X
DM 79,-/öS 577/sFR 74,-

Peter R. Heigl
Sprechen Sie sicher
Rhetorikkurs, um Gespräche,
Reden und Vorträge sicher und
ausdrucksvoll zu führen
4 Tonkassetten, Arbeitsbuch
ISBN 3-89467-127-0
DM 98,-/öS 715/sFR 91,-

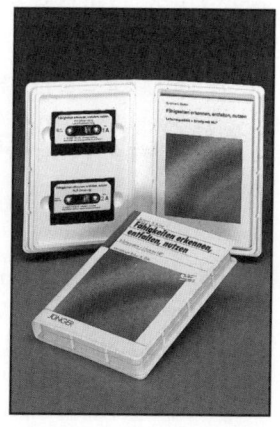

Herbert Namokel
**Die moderierte
Besprechung**
Arbeitstechniken und
Methoden zur Steuerung und
Führung von Besprechungen
Tonkassette, Arbeitsbuch
ISBN 3-89467-271-4
DM 59,-/öS 431/sFR 56,-

Winfried Erb
**Konfliktfreie
Gesprächsführung**
Konflikte auf konstruktive
Weise lösen
1 Tonkassette, Arbeitsheft
ISBN 3-927225-13-4
DM 39,-/öS 285/sFR 38,-

Susanne Köster
**Fähigkeiten erkennnen,
entfalten, nutzen**
Lebensqualität + Erfolg
mit NLP
2 Tonkassetten, Arbeitsbuch
ISBN 3-89467-217-X
DM 79,-/öS 577/sFR 74,-

**Für weitere Titel fordern Sie bitte unseren kostenlosen Gesamtkatalog an:
JÜNGER VERLAG, Tel. 0 69/84 00 03-0 oder in Ihrer Buchhandlung.**

Sprachen lernen mit Superlearning

leicht, schnell, intensiv für Selbstlerner

■ Sie lernen mit Entspannung

Mit dem PLS-System lernen Sie zunächst, sich tief zu entspannen. Das erhöht Ihre Konzentrationsfähigkeit und Aufnahmebereitschaft.

■ Sie lernen mit Musik

Beim PLS Superlearning nehmen Sie den Lernstoff in Form von sogenannten „Lernkonzerten" auf. Hierbei sind die Lerntexte mit klassischer Musik unterlegt. Sie hören erst das aktive und anschließend das passive Lernkonzert.
So kann der Lernstoff direkt in die passiven Speicher Ihres Gedächtnisses einfließen.

■ Sie lernen mit Kreativität

In der „Aktivierungsphase" festigen Sie den Lernstoff auf amüsante und anregende Weise durch spezielle Übungen.
So werden Sie mit der inneren Struktur der Sprache spielend leicht vertraut.

Englisch	Französisch
Spanisch	**Italienisch**
Russisch	**Schwedisch**

Einführungskurse für Einsteiger ohne Vorkenntnisse
je 2 Tonkassetten, Lehrbuch, Urlaubsvokabular

Basiskurse Anfänger oder geringe Vorkenntnisse
je 8 Tonkassetten, Lehrbuch, Vokabel- und Trainingsdiskette, Begleitmaterial, Tiefenentspannung, Hörspiele, Lernroman mit Musik, Grammatikübungen

Aufbaukurse Fortgeschrittene mit Vorkenntnissen
je 8 Tonkassetten, Lehrbuch, Vokabel- und Trainingsdiskette, Entspannungstraining, lebendige Hörspiele, 1000 Vokabeln, Redewendungen.

Bitte fordern Sie den Gesamtkatalog an

PLS Sprachen JÜNGER VERLAG, Postfach 10 09 62
63069 Offenbach · Tel. 0 69 / 84 00 03–21 · Fax –33

Sprachen lernen mit Superlearning
leicht, schnell, intensiv für Selbstlerner

Englisch für Import & Export

Speziell für die berufliche Anwendung ist der neue Kurs „English for Import & Export" konzipiert. Für alle, die etwas für ihren Erfolg „on the job" tun wollen und bereits über englische Vorkenntnisse verfügen, bietet dieser Kurs Redewendungen, technische Begriffe und Fachausdrücke aus dem Bereich Außenhandel. Sie lernen 1000 der wichtigsten Vokabeln und üben die Abwicklung folgender Geschäftsvorgänge in englischer Sprache:

- Briefe, Faxe und Telexe verfassen
- Angebote einholen und unterbreiten
- Zollformalitäten erledigen
- Telefonate führen
- Reklamationen bearbeiten

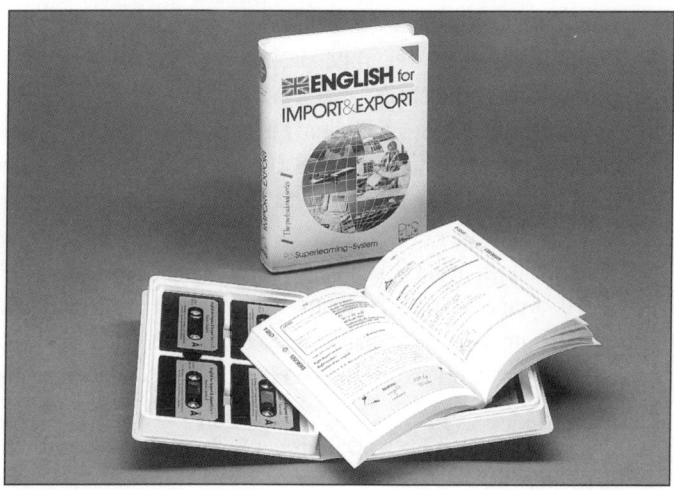

8 Kassetten (ca. 8 Stunden), Lehrbuch, umfangreicher Übungsteil, alphabetisches Vokabular, Fachglossar, Lernanleitung, Entspannungstraining.
Best.-Nr. 444-075-9
DM 198,– / öS 1545 / sFR 198,–

Bitte fordern Sie den Gesamtkatalog an

PLS Sprachen   JÜNGER VERLAG, Postfach 10 09 62
63009 Offenbach · Tel. 0 69/84 00 03–21 · Fax –33

Gesellschaft zur Förderung
Anwendungsorientierter
Betriebswirtschaft und

Aktiver
Lehrmethoden e. V

Bundesgeschäftsstelle
Hagedorns Kamp 11
51067 Köln

Tel.: (0221) 680 64 83
Fax: (0221) 680 62 96

GABAL e. V. stellt sich vor

1976 gründeten Praktiker aus Wirtschaft und Hochschule die gemeinnützige
GABAL e. V.

Schwerpunkte unserer Arbeit sind

* Förderung von Kommunikation zwischen Wirtschaftspraxis und
  Hochschule
* Entwicklung und Förderung von Weiterbildungskonzepten zur Persönlich-
  keits- und Unternehmensentwicklung für das neue Jahrtausend
* Fachübergreifendes Weiterbildungskonzept für mehr Erfolg im berufli-
  chen und privaten Leben
  „STUFEN zum Erfolg – STUdium Fundamentale, Efficiens, Naturale"
* Förderung der Publikationen preisgünstiger arbeitsmethodischer Schrif-
  ten für Aus- und Weiterbildung einschließlich entsprechender Trainerleit-
  fäden
* Präsentationen neuer Erkenntnisse, Modelle und Konzepte auf den
  GABAL-Symposien und -Seminaren. Die zweimal jährlich stattfindenden
  GABAL-Symposien bieten durch ihre einzigartige Struktur vielfältiger
  „Schnupper"-Workshops einen breiten Überblick über die aktuelle The-
  matik
* GABAL-Regionalgruppen als Basis der Kommunikation zwischen Mitglie-
  dern „vor Ort"

Der Vorstand der GABAL e. V. wird beraten durch ein Kuratorium, dem maß-
gebende Institutionen und Spitzenverbände der deutschen Wirtschaft
angehören, z. B. das Institut der deutschen Wirtschaft (IW) in Köln sowie der
Deutsche Industrie- und Handelstag (DIHT) in Bonn

Ihr Nutzen

- Kontakte zu Unternehmen, Multiplikatoren und Kollegen, auch international
- Möglichkeit zur aktiven Mitarbeit in Regionalgruppen sowie regionale Seminarangebote
- Mitgliedersonderpreise für GABAL-Seminare und -Symposien sowie Train-the-Trainer-Seminare
- Sechsmal jährlich kostenfreie Belieferung der Zeitschrift „Wirtschaft & Weiterbildung" incl. der GABAL-Informationsschrift „Impulse"
- Jährlicher Gutschein über 75,- DM für Medien des GABAL-Verlags, darüber hinaus 20% Rabatt auf die GABAL-, PLS,- und JÜNGER-Medien

Was bieten wir unseren Mitgliedern?

- Kommunikation, insbesondere auf den GABAL-Symposien und im Rahmen der Regional-Veranstaltungen.

Die Themen der letzten Symposien waren:
- Mit „STUFEN"-Schritten zum Erfolg
- Den Wandel lernen
- Die lernende Organisation
- Erfolg durch Qualität
- Mensch – Team – Netzwerk

Unsere Seminar-Thematik:
Weiterentwicklung von Organisationen durch fachübergreifende und persönliche Weiterbildung des einzelnen.

Infocheck

Ja, ich will GABAL näher kennenlernen und erwarte Informationsmaterial

GABAL e. V.
Bundesgeschäftsstelle
Hagedorns Kamp 11

51067 Köln

per Fax:
(0221) 680 62 96

Name

Straße/Postfach   PLZ, Ort

Telefon   Fax

Bitte heraustrennen oder kopieren